Dietmar Gensicke   **Luhmann**

Die Systemtheorie von Niklas Luhmann
(1927–1998) ist gekennzeichnet durch eine nachdrückliche Genauigkeit in der Begriffsbildung,
einen stark ausdifferenzierten terminologischen
Apparat, einen hohen Grad der Abstraktion ihrer
Modellvorstellungen, eine explizite Ausrichtung
als Gesamttheorie der Gesellschaft und ein
soziologisches Grundverständnis, das oftmals
kontraintuitiv zur gängigen Alltagsauffassung
operiert.
Im Versuch, eine ganz neu ansetzende gesellschaftliche Universaltheorie zu schaffen, hat
Luhmann ein dichtes Gefüge von Modellvorstellungen und theoretischen Termini geschaffen.
Das vorliegende Buch führt den Leser an die
zentralen Begriffe und Zusammenhänge heran
und macht ihn darüber hinaus mit der speziellen
Erkenntnishaltung und dem unverwechselbaren
Timbre der luhmannschen Theorie bekannt.

Dietmar Gensicke, geboren 1960, Dr. phil. habil.,
ist Privatdozent am Institut für Erziehungswis-
senschaft an der Leibniz Universität Hannover.

Grundwissen Philosophie

Luhmann

von

Dietmar Gensicke

Philipp Reclam jun. Stuttgart

RECLAM TASCHENBUCH Nr. 20321
Alle Rechte vorbehalten
© 2008 Philipp Reclam jun. GmbH & Co., Stuttgart
Reihengestaltung Grundwissen Philosophie:
Gabriele Burde
Umschlagabbildung vorn: © Pressestelle Uni Bielefeld
Umschlagabbildung hinten: © privat
Satz: Steffi Glauche, Leipzig
Druck und Bindung: Reclam, Ditzingen
Printed in Germany
RECLAM ist eine eingetragene Marke
der Philipp Reclam jun. GmbH & Co., Stuttgart
ISBN: 978-3-15-020321-7

www.reclam.de

Inhalt

Vorbemerkung

Dieses Buch ist als eine Einführung in die soziologische Systemtheorie Niklas Luhmanns gedacht. Es ist entsprechend einfach und übersichtlich gehalten. Ich habe mich gefragt, was jemandem, der etwas über den Soziologen Luhmann und dessen Theorie wissen möchte, für den Anfang helfen könnte. Und natürlich war mir dabei auch wichtig, Freude an der Beschäftigung mit einem solchen Gegenstand zu erzeugen und weiteres Interesse zu schüren. Dazu habe ich mich bemüht, im Ton meiner Darstellung nicht allzu sehr an die häufig etwas strenge Haltung von Lehrbüchern zu erinnern. Das ist bei einem so stringent konzipierten Theoriegebilde wie dem luhmannschen nicht ganz einfach. Die Erinnerung an meine eigenen Lehrer in der Sache hat mir dabei geholfen.

Das Ziel dieses Textes lässt sich knapp zusammenfassen: Der Leser soll auf handfeste und motivierende Weise so mit einem Wissen vertraut werden, dass er am Ende eigenständig vermuten kann, was alles nicht oder nicht tiefer gehend behandelt wurde. Man könnte also sagen, dass dieses Buch sich in gewisser Weise im Nachhinein überflüssig machen möchte. Dazu bedarf es jedoch zunächst seiner Ausführungen. An solche paradoxen Beschreibungen muss sich gewöhnen, wer sich mit der Theorie Niklas Luhmanns auseinandersetzen möchte. Dass dieses außerordentlich genüsslich und gewinnbringend sein kann, ist meine Überzeugung. Auch davon handelt dieser Text.

Noch ein Buch zu Luhmann?

Ich kenne (und benutze) mehrere ausgezeichnete Einführungen in die luhmannsche Theorie. Auch gibt es ebenso vorzügliche Kompendien. Dort sind Autorinnen und Autoren mit profunden Kenntnissen am Werk, geleitet vom Versuch, Schneisen des Verständnisses in das Dickicht der luhmannschen Theoriebildung zu schlagen. Einer der besten Texte stammt gar von Niklas Luhmann selbst (»Einführung in die Systemtheorie«). Ich habe an der Universität bisher eine ganze Reihe von Einführungsveranstaltungen zur luhmannschen Theorie durchgeführt. In diesen Vorlesungen und Seminaren kamen auch die eben angesprochenen einführenden Bücher und Texte zur Anwendung. Häufig stand ich dabei vor einem spezifischen Problem: All diese Literatur setzt entweder gewisse Grundkenntnisse dieser Theorie bereits voraus oder aber ein Verständnis für die theoretischen Probleme, die in die luhmannsche Begriffsbildung hineinspielen. Gelegentlich auch versuchen solche Einführungen etwas, was ein britischer Kollege mir gegenüber einmal unnachahmlich als »to win the hearts of the already converted« bezeichnete. Alles das ist ganz gewiss keine Verfehlung dieser Bücher – aber sicherlich auch nicht immer ein Vorteil für noch gänzlich unpräparierte Interessenten. Genau hier möchte der vorliegende Text ansetzen.

Das Ziel meines Textes (gemäß dem Basismotiv der ganzen Reihe »Grundwissen Philosophie«) ist es, einen ersten Eindruck von Luhmanns soziologischer Theorie zu schaffen. Dieses Buch hat demnach einen einführenden Charakter. Es richtet sich also ausdrücklich nicht an die Gruppe derjenigen, die mit den Eckwerten der luhmannschen Theorie vertraut sind und ihre Kenntnisse vervollkommnen wollen. Auch ist es nicht für diejenigen gedacht, die als soziologisch geschulte Fachinteressenten nun die spezifische Kontur des luhmannschen Gedankengebäudes in seinen Feinheiten erkunden wollen. Schon gar nicht bedient mein Text die Bedürfnisse der Luhmann-Geschulten, die auf der Suche sind nach gezielteren begrifflichen Behandlungen oder terminologischen Revisionen.

Vielmehr geht es mir um eine erste Einführung zentraler Begriffe und Zusammenhänge. Und ebenso möchte ich die Leser mit der speziellen Erkenntnishaltung und dem unverwechselbaren Timbre der luhmannschen Theorie bekannt machen. Hierin liegt für gewöhnlich - sowohl beim Erstkontakt wie auch für die routinierteren Kundschafter – eine ebenso große Faszination wie in der Entdeckung der terminologisch-konzeptuellen Zusammenhänge.

Meine Darstellung folgt zur Erreichung ihres Zieles einer üblichen didaktischen Maxime: der Provokation von Erkenntnisprozessen aus dem Ex-Post des Vermittlungsvorganges. Das heißt nichts anderes, als dass ich den Gegenstand meiner Bemühungen so sehr vereinfache (Luhmann nennt das »Komplexitätsreduktion«), dass er bisweilen an den - notwendigen - Rand der Verfälschung geraten kann. Dieses geschieht, um den noch unkundigen Interessenten einen ersten tragfähigen Erkenntnisuntergrund zu bereiten; mit Luhmann kann man sagen: ich versuche, »Resonanz« zu erzeugen. Wenn darüber eine erste Vertrautheit und begriffliche Robustheit entstanden sind (das wird bei Luhmann »Anschlussfähigkeit« genannt), liegt es im Vermögen der Lernenden, im Nachhinein, also ex post, die Begriffsinhalte und Modellvorstellungen zurechtzurücken (»Rekonstruktion von Fremdreferenz« in luhmannscher Terminologie). So kann etwas Falsches gleichermaßen auch etwas Richtiges sein - und uns begegnet in diesem Zusammenhang abermals eine Paradoxie. Die Form des Paradoxen findet, ich sagte es schon, auch in der Theorie Luhmanns eine besondere Betonung.

Wenn dieser Plan gelingt, sind die Grundlagen für eine weitere Beschäftigung mit dem Thema geschaffen. Dazu steht dann die oben erwähnte Literatur bereit. Die vorhandenen Titel setzen durchaus sehr unterschiedlich an. Ein erster Eindruck des Querlesens kann hier helfen, die passenden Texte einzukreisen. Auch ist dann möglicherweise die Basis bereitet für eine erste Primärlektüre der luhmannschen Ausführungen. Einige Vorschläge dazu unterbreitet eine knappe kommentierte Bibliografie am Ende dieses Buches. Und es ist möglich, dass thematisch Interessierte auf weitere Titel der Reihe »Grundwissen Philosophie« zurückgreifen. Zu etlichen der dort vorgestellten Themen und Autoren lassen sich in den Texten Luhmanns Referenzen finden. Mit dem Band »Kommunikation« von Dirk Baecker gar findet sich nicht nur ein prominenter Schüler Luhmanns als Autor, sondern auch ein zentraler Begriff der luhmannschen Theorie in detaillierter Darstellung.

Der Ausgangspunkt und die Dramaturgie dieses Rundgangs

Auch wenn dieses Buch die vielen möglichen Zugänge zur Soziologie Niklas Luhmanns im Blick behält, kommt es doch nicht ohne eine leitende thematische Idee aus. Für Luhmann selbst war eine zentrale Fragestellung, wie denn eine Gesellschaft soziale Ordnung und inneren Zusammenhalt aufbaut. Diese wichtige soziologische Frage ist einfach gestellt, jeder Antwortversuch muss jedoch äußerst komplexe Sachverhalte mit einbeziehen. Das lässt einen solchen Ansatz sehr interessant erscheinen. Also habe auch ich mir überlegt, den Leser auf diese Fährte zu führen. Wir beginnen dementsprechend unsere kurze Besichtigung der Theorie Luhmanns nicht bei irgendwelchen spekulativen Ursachenforschungen nach dem bekannten Henne-oder-Ei-Prinzip, sondern springen mitten in den alltäglichen Erfahrungsraum gesellschaftlichen Lebens hinein. Vorher jedoch erscheint es mir sinnvoll, dem Leser noch einige grundsätzliche Bemerkungen mitzuteilen, die sich auf die Verortung und Charakterisierung der luhmannschen Theorie in einer vielgestaltigen gesellschaftswissenschaftlichen Landschaft beziehen.

Wir starten im ersten Kapitel also mit einigen notwendigen hinführenden Überlegungen. Es geht im Wesentlichen zunächst um zwei Fragen. 1. Welches Gebilde habe ich, aus grober Entfernung betrachtet, mit der Theorie Niklas Luhmanns vor mir, wie ist ihr Stellenwert einzuschätzen? 2. Was macht die Beschäftigung mit seiner Theorie für die Leser dieses Buches zu einem lohnenswerten Unterfangen?

Im Anschluss daran geht es im zweiten Kapitel (»Soziale Systeme«) dann mitten in die Theorie hinein. Dieser Abschnitt kreist um die Zentralerfahrung gesellschaftlicher Existenz, er beschäftigt sich mit Kommunikation. Ihre Beschreibung scheint uns wegen der Alltäglichkeit des Phänomens unmittelbar vertraut. Somit bietet sie eine gute Möglichkeit, die auf den ersten Blick ungewöhnliche, bisweilen vielleicht fremdartige Betrachtungsweise Luhmanns zu illustrieren. Ich zerlege den Vorgang in seine Bestandteile, zeige deren Zusammenwirken und beschreibe für diesen Prozess wichtige Einflussgrößen. So kann allmählich ein Bild von der begrifflichen wie modellhaften Komplexität der luhmannschen Beschreibungen entstehen. En passant werden in diesem Abschnitt bereits mehrere Dutzend wichtiger Termini benannt und in den Zusammenhang eingebettet. Durch das sukzessive Vertrautwerden mit der speziellen luhmannschen Begrifflichkeit (das sich mit etlichen »Vokabeln« in den darauf folgenden Kapiteln fortsetzt) sollen die Keime einer ersten Theoriekompetenz sprießen. An dem relativ einsichtigen Gegenstand dieses Abschnittes soll sich eine Annäherung an den Tonfall, die Betrachtungsweise und das innere begriffliche Zusammenwirken der Theorie Luhmanns vollziehen.

Das dritte Kapitel gilt dann dem »Problem der Stabilität«. Kommunikation, die wir im zweiten Kapitel betrachtet haben, tritt in einer Gesellschaft ja massenhaft auf und folgt bestimmten Bahnen. Offensichtlich bildet eine Gesellschaft mindestens rudimentäre Strukturen, an denen sich Kommunikationen orientieren können. Diese machen ihr Wiederauftreten erwartbar. Es entstehen dabei augenscheinlich Merkmale der Dauerhaftigkeit und Stabilität gesellschaftlicher Prozesse. Deren Bedingungsfaktoren werden in diesem Abschnitt benannt und zueinander in Beziehung gesetzt. Dadurch kann die Vielzahl kommunikativer Vorgänge in einen größeren Wirkungszusammenhang eingebettet werden. Der Fokus vergrößert sich somit vom Einzelvorgang der Kommunikation zum umfangreichen Bedingungsgefüge der Gesellschaft.

Das vierte Kapitel (»Funktionale Differenzierung und Individualität«) betrachtet die soziale Ordnung hinsichtlich einer klassischen soziologischen Problemstellung: Es fragt nach dem Verhältnis von Individuum und Gesellschaft. Diese Relation bildet die begriffliche Klammer um den Aspekt der sozialen Integration. Die typische Frage danach, wie eine Gesellschaft die Menschen, die in ihr leben, integriert und ihr Zusammenleben sichert, stellt sich in der Theorie Luhmanns ganz anders. Doch auch wenn er hier eine provozierend andere Perspektive auf den Gegenstand einnimmt, ist das Verhältnis von Individuum und Gesellschaft der Dreh- und Angelpunkt seiner Vorstellung von sozialer Integration. Welche Rolle der Mensch, die Person, das Individuum für den Aufbau von Ordnung innerhalb der Gesellschaft spielen, soll hier thematisiert werden. Dabei unterscheidet Luhmann in seiner Theorie die Konzepte von Mensch, Person und Individuum deutlich. So werden in diesem Abschnitt die unterschiedlichen Begriffe vorgestellt und gegenwartsdiagnostisch ausgelegt. Damit ist gemeint, dass unsere Gesellschaft sehr spezifische Auffassungen und Anforderungen für das transportiert, was wir unter einem modernen Individuum verstehen und für uns selbst alltäglich umsetzen. Die Integration all dieser individualisierten Personen in die Gesellschaft geschieht in den Einzugsbereichen gesellschaftlicher Organisationen und nur vermittels dieser Organisationen. Mit »Organisation« wird ein weiterer zentraler Terminus der luhmannschen Gesellschaftstheorie eingeführt. Nur die Bestimmung des Verhältnisses von Individuum und Organisation kann den Mechanismus sozialer Integration verdeutlichen. Dies wird im weiteren Fortgang des vierten Kapitels unternommen. Mit dem Begriffspaar von Individuum und Organisation ist bei Luhmann ein weiteres begriffliches Dual verbunden, das von Inklusion und Exklusion. Diese beiden Termini tauchen gegenwärtig in einer Vielzahl tagespolitischer Debatten auf. Das gibt ihnen eine besondere Relevanz. Insofern kann es interessant sein zu überprüfen, welche neuen Einsichten Luhmanns Auffassungen von den Mechanismen der Integration unter dem Lichte dieser Begriffe abwerfen. Damit bewegen wir uns explizit im Terrain moralisch gefärbter Diskurse, die freilich dem Selbstverständnis der luhmannschen Theorie äußerlich sind. Dennoch hat natürlich auch Luhmanns Theorie der Gesellschaft eine Vorstellung von der Funktion von Moral. Diese wird zum Abschluss des Kapitels kurz umrissen. Dabei wird auch der Ertrag der Überlegungen Luhmanns für die normative Reflexion gegenwärtiger sozialer Integrationsprozesse ausgelotet. Mit diesen für sozialphilosophische Betrachtungen vielleicht anregenden Gedanken endet unsere kurze Besichtigung der Theorie Luhmanns. Mit etwas Glück könnte dann bei dieser Unternehmung ein Eindruck entstanden sein: Diese Theorie ist anders, sie hat Interessantes zu sagen, eine Bekanntschaft mit ihr lohnt sich.

Dank

Ein so knapp gehaltener Rundgang durch eine dermaßen umfangreiche und komplexe Theorie, wie sie Luhmann vorgelegt hat, muss eine Menge fast unzumutbarer Verkürzungen vornehmen. Diese sind immer auch eine gewisse Entstellung des Originals. Ich habe jede einzelne dieser Reduktionen gegen ihren Lernvorteil abzuwägen versucht. Natürlich bin ich somit für alle unbotmäßigen Verengungen und provozierten

Missverständnisse verantwortlich. Für die Gelegenheit und für die Möglichkeit, diesen Versuch dennoch zu unternehmen, möchte ich einigen Personen ausdrücklich danken. Vor allen geht mein Dank an meinen Kollegen Detlef Horster, der mich nicht nur eingeladen hat, dieses Buch im Rahmen der Reihe »Grundwissen Philosophie« zu schreiben. Ich habe zudem aus seinen eigenen Texten, aus vielen Gesprächen mit ihm und aus der gemeinsamen wissenschaftlichen Arbeit eine Menge zum Thema gelernt. Ebenso möchte ich den Studierenden meiner jüngsten Luhmann-Seminare danken. Sie haben mir zu Recht Anstrengungen abgenötigt, die ich als große Gewinne für mein eigenes Verständnis verbuchen konnte. Diese hoffe ich nach besten Möglichkeiten in den vorliegenden Text eingebracht zu haben. Ich danke Peter Fuchs für die tiefgreifenden und inspirierenden Einsichten in die Theorie Luhmanns, die er mir ermöglicht hat. Ich habe beim Schreiben oft an seine Vermittlungskunst denken müssen und wünschte, ich hätte sie einmal erreichen können. Mein herzlicher Dank geht an meine beiden Kolleginnen Inci Dirim und Mirja Silkenbeumer, die mir unter schwierigen Bedingungen des Schreibens erhebliche Motivation vermittelten. Und schließlich danke ich Winfried Reuter, der mir erstmalig einen Zugang zur luhmannschen Theorie ermöglichte und mich damit endgültig aus dem Paradies der einfachen Seelen vertrieb.

Worum geht es hier eigentlich? –
Einige ordnende Bemerkungen zur Einführung

Dieses Buch möchte in Niklas Luhmanns Theorie sozialer Systeme einführen. Damit lässt es sich auf ein gewagtes Unterfangen ein. Denn die Reihe, in der dieses Buch erscheint, trägt den Titel »Grundwissen Philosophie«, während der hier vorgestellte Gegenstand jedoch zur Soziologie gezählt wird. In dieser Disziplin ist die luhmannsche Theorie durchaus umstritten. Bei alledem stellt sie in sich ein außerordentlich komplexes Gebilde dar. Und oftmals scheint Luhmanns Theorie in ihren Grundauffassungen und ihrem verwendeten Begriffsensemble zu vielen gängigen Vorstellungen von der Gesellschaft und den Verhältnissen in ihr eigentümlich querzuliegen. Was kann ich der Leserin und dem Leser also zur Beruhigung und zu meiner Legitimation anbieten? Ich möchte die Liste der Bedenken etwas ausführlicher aufrollen.

An Luhmann kommt man nicht vorbei

Wer sich für zeitgenössische philosophische Fragestellungen interessiert, kann in Luhmanns Überlegungen reichhaltige Anregungen finden. Wer sich mit der Beschreibung gegenwärtiger Gesellschaften beschäftigt, kommt an Luhmann gar nicht vorbei. Dies ist zum einen dem thematischen Umfang und der inhaltlichen Tiefe geschuldet, mit denen sich Luhmann seinem Gegenstand widmet. Der Antritt als soziologische Universaltheorie, also als Reflexion einer Gesamtheit gesellschaftlicher Momente, hat Luhmanns Betrachtung sozialer Systeme einen zentralen Platz innerhalb des gegenwärtigen gesellschaftstheoretischen Kanons einnehmen lassen.

Zwangsläufig strahlt eine solche Position auch in Nachbar-disziplinen hinüber. Diese wissenschaftliche Zentralstellung drückt sich schon im bloßen Publikationsvolumen aus. Eine imponierende Menge an Veröffentlichungen (gleich ob an Zahl, Seitenumfang oder thematischer Vielfalt) hat innerhalb wie außerhalb der akademischen Felder eine Art raunender Ehrfurcht vor dem Theorieproduzenten Niklas Luhmann wachsen lassen. Und ich kenne nicht wenige akademische Kolleginnen und Kollegen, die es erst in der Folge von Luhmanns Tod, mithin nach dem Versiegen seines Produktions-stroms, für möglich hielten, diesen Theoretiker wenigstens lesend zeit ihres Lebens noch einzuholen. Doch auch nur das geringste Kokettieren mit einem solchen Image war Luhmann selbst völlig fremd.

Der andere Grund dafür, warum man im gesellschaftstheo-retischen Kontext geradezu zwangsläufig auf Luhmann stößt, liegt im ungewöhnlichen Design seiner Theorie begründet. Dieses soziologische Großprojekt propagiert keine Erb-schaftslinie innerhalb der Disziplin, verortet sich weder vom Denkansatz noch begrifflich in direkter Anknüpfung an eine innerfachliche Theorietradition. So liegen Luhmanns Über-legungen nicht nur quer zu den etablierten soziologischen Theoriezugängen und -modellen. Sie sind vom Forschungs-habitus und Naturell ihrer Reflexionsbewegung her auch höchst ungewöhnlich und unkonventionell. In der Soziologie haben die diversen Angebote der luhmannschen Theorie-arbeit nicht selten Aufregung und Ablehnung in einem Maße verursacht, das auf eine gehörige Provokation schließen lässt, die offenkundig von diesen Denkofferten ausging. Doch in jedem Fall zeigte sich die Soziologie beeindruckt. Im Gefüge dieser wissenschaftlichen Disziplin ließen sich Hin-weise auf eine deutliche interne »Irritation« entdecken, um einen typischen systemtheoretischen Ausdruck zu verwen-den. Die Soziologie zeigte allmählich Spuren ihrer Luhmann-Rezeption. Affirmative und assimilative Bemühungen wie auch deutliche Frontstellungen beeinflussten den Gang und die Effekte der soziologischen Debatten in Auseinandersetzung mit der luhmannschen Theorie. Und um diese Wirkung, die seine Arbeit auf die eigene Disziplin hatte, wusste Luhmann genau. Dazu passt auch die Schlusspointe, die er in einem bekannten Fernsehinterview mit Alexander Kluge gesetzt hat. Dort fragt Kluge am Ende seinen Gast, was denn nach eigenem Dafürhalten seine wesentliche Eigenschaft sei. Luhmanns Antwort lautet: Bockigkeit!

Nach den mitunter stark ideologisch gefärbten Auseinandersetzungen mit den »Zumutungen« der luhmannschen Theorie war die Soziologie fortan also nicht mehr dieselbe. Sie lässt die Niederschläge und Anreicherungen aus den Diskursen mit der soziologischen Systemtheorie deutlich erkennen – sei es, dass sie sich grundlegenden Vorstellungsinhalten geöffnet hat, sei es, dass sie im Fundus ihrer Begriffe und Modelle etliche Scharfstellungen vollzogen hat, deren Motive sich bis in die »Luhmann-Debatten« zurückverfolgen lassen. Auch in dieser Hinsicht wird also derjenige, der sich mit gesellschaftstheoretischen Fragestellungen beschäftigt, mit einer gewissen Unumgänglichkeit früher oder später auf die Theorie Luhmanns stoßen.

Die hohe Komplexität der Theorie Niklas Luhmanns

Bei aller für eine Einführung gebotenen Vereinfachung ihres Gegenstandes muss auch diese Darstellung sich zur enormen Komplexität der Theorie Luhmanns ins Verhältnis setzen. Seine soziologische Theorie ist gekennzeichnet durch eine nachdrückliche Genauigkeit in der Begriffsbildung, einen stark ausdifferenzierten terminologischen Apparat, einen hohen Grad der Abstraktion ihrer Modellvorstellungen, eine explizite Ausrichtung als Gesamttheorie der Gesellschaft und ein soziologisches Grundverständnis, das oftmals kontraintuitiv zur gängigen Alltagsauffassung operiert. Sie ist aber gleichermaßen auch außerordentlich sensibel für begriffliche Widersprüche in der soziologischen Tradition und verfährt verblüffend respektlos bei deren Beanstandung; sie zeigt sich wie kaum ein anderes gesellschaftstheoretisches Unternehmen erkenntnisoffen und dialogorientiert gegenüber sehr heterogenen Nachbardisziplinen wie etwa Biologie, Rechtswissenschaft, Linguistik, Kybernetik oder Kulturgeschichte; sie hat die frappierende Fröhlichkeit einer vollständig uneitlen und ebenso sicheren Einstellung zu sich selbst (Luhmann: »Man kann das alles ganz anders machen, aber mindestens genauso gut«); sie bietet in erfrischender Unbefangenheit für eine enorme Breite sozialer Phänomene (von Interaktionsformen in den Oberschichten des 17. Jahrhunderts bis zu modernen Massenmedien, vom alteuropäischen Naturbegriff bis zum Fußball) höchst elaborierte Beobachtungs- und Deutungsinstrumentarien an.

All dies sind jedoch eher Beschreibungen aus der individuellen Warte (m)einer Rezeptionshaltung, parteiliche Charakterisierungen eines eigentümlichen Theoriedesigns. Hinsichtlich der wissenschaftlichen Kriterien einer soziologischen Argumentation ist jedoch eher von Belang, dass Luhmanns Theorie den Prototyp einer hochmodernen avancierten Theorie repräsentiert. Dies möchte ich etwas näher erläutern.

Ein theoretischer Ansatz auf der Höhe der Zeit

Jede Theorie formuliert Erkenntnisaussagen. Dazu muss sie die Grundlagen ihrer eigenen Wissensschöpfungen benennen. Ein typisches zentrales Anliegen neuzeitlicher Theoriebildungen ist die Beantwortung der Frage, was überhaupt gesicherte Terrains solcher Erkenntnispositionen sind. Darauf versuchen denn auch vielfältige moderne erkenntnistheoretische Überlegungen eine Antwort zu geben. Alle entsprechenden Angebote sind in dieser Perspektive also eine Auseinandersetzung über das, was unter gegenwärtigen Vorzeichen noch erkenntnistheoretisch haltbar ist. Immer geht es in diesen Theoriegebäuden auch darum, welche erkenntnisleitenden Voraussetzungen noch bestehen können, wenn sie mit dem Instrumentarium einer vorbehaltlosen Erkenntnisreflexion ergründet werden. Es geht mit anderen Worten um die epistemologischen Fundamente von Erkenntnisaussagen.

Schaut man sich die Etappen moderner Erkenntnispositionen an, so könnte man aus ihnen im historischen Querschnitt und aus einer gewissen (zugegeben stark vereinfachenden) Distanz eine Bewegung in eine bestimmte Richtung herauslesen. Die philosophischen Gebäude von Kant, Hegel, Nietzsche, die Forderungen des Strukturalismus, der Phänomenologie, der Existenzphilosophie, die Schlussfolgerungen von Kritischer Theorie, Analytischer Philosophie oder Poststrukturalismus: Die gesamte moderne Philosophie lässt sich gleichermaßen auffassen als eine große Bewegung der Verabschiedung von unverbrüchlichen Wahrheiten und unbefragbaren Vorbedingungen, die die Erkenntnisleistung des Subjekts rahmen. Kein Gott, keine Natur, kein geschichtlicher Weltgeist, keine wissenschaftliche Rationalität, kein Selbstbewusstsein individueller Reflexion kann nun noch eine erkenntnisleitende Großidee sein. Jedes neue erkenntnistheoretische Angebot löst seine Vorgänger ab, indem es deren ungedeckte Voraussetzungen und metaphysische Restbestände herausstellt. Die humanen Katastrophen besonders des 20. Jahrhunderts forcieren diese Bewegung. So führt der »philosophische Diskurs der Moderne« (Habermas) zu einer sukzessiven Distanzierung von den erkenntnistheoretischen Modellen ebendieser Moderne. Metaphysische, transzendental- und subjektphilosophische Grundannahmen schmelzen bis auf Rudimente ab. Konzepte von Geschichte, Subjekt, Sinn, Identität, Vernunft geraten unter epistemologischen Generalverdacht, wie er für die ausdifferenzierte Moderne typisch ist. An diese Bewegung schließt auch die luhmannsche Theorie sozialer Systeme an, und gleichzeitig steht sie doch in beträchtlicher Distanz zu den Protagonisten zeitgenössischer Erkenntniskritik.

Einerseits ist das Theorieangebot Luhmanns bis in seine letzten Grundlagen von der Skepsis gegenüber der klassisch modernen Auffassung von Erkenntnisrationalität gekennzeichnet. Unter dieser Perspektive finden sich mannigfache Einsprüche Luhmanns gegen das »alteuropäische Rationalitätskontinuum« (BdM, 67) oder das »Desaster des transzendentalen Subjekts« (SozAuf 6, 168). Diese Perspektive erkenntnistheoretischen Zweifels stattet Luhmann mit einer höchst elaborierten Vorstellung von Erkenntnisprozessen selbst aus. Hier spielt sein Begriff der Beobachtung eine zentrale Rolle. Jede Erkenntnisäußerung platziert als Aussage eine Unterscheidung. Sie bezeichnet etwas und unterscheidet es damit von etwas anderem: Es geht um dieses, nicht um jenes; wichtig ist das – im Unterschied zu dem. Das Setzen einer solchen Unterscheidung nennt Luhmann Beobachtung. So erkennen wir seine basale Ausrichtung jeglicher Beobachtung und Erkenntnis am Modell der Differenz. Am Anfang aller Erkenntnis steht mithin eine Differenz. Mittels solcher Unterscheidungen werden dann Beobachtungen der Welt angeleitet. In jede Unterscheidung, mit der eine Beobachtung arbeitet, ist der Beobachter zudem immer eingeschlossen. »Der Erzähler kommt in dem, was er erzählt, selber vor. Er ist als Beobachter beobachtbar. Er konstituiert sich selbst in seinem eigenen Feld – und daher zwangsläufig im Modus der Kontingenz, also mit Seitenblick auf andere Möglichkeiten.« (BdM, 74) Das, was der Erkenntnisprozess erbringt, ist also genuin verknüpft mit dem Initiator dieses Prozesses, bei Luhmann eben: mit dem Beobachter. Diese Kopplung von Gegenstand und Inhalt des Erkenntnisprozesses an den Urheber und Ausgangspunkt dieses Prozesses ist eine deutliche Gemeinsamkeit der luhmannschen erkenntnistheoretischen Grundvorstellungen mit den prominenten Ausprägungen der modernen Erkenntnistheorie überhaupt.

Während jedoch in der philosophischen Tradition das erkennende Subjekt in der Reflexion der Erkenntnisgebundenheit an sich selbst zu vernünftigen Aussagen über sich und die Welt kommen kann, fehlt eine solche Figur bei Luhmann vollständig. So führt seine Auffassung einerseits zu einer »Weltsicht, für die die Einheit der Welt und ihre Bestimmbarkeit durch ein unterscheidendes Beobachten nicht mehr zusammenfallen; und andererseits zum Akzeptieren der Gewißheit, daß jede Beobachtung in der Welt die Welt sichtbar – und unsichtbar macht« (BdM, 75). Der Beobachter ist in seine Beobachtung im doppelten Wortsinn eingeschlossen.

Die Fokussierung auf die Unterscheidung (Differenz) als Ausgangspunkt jeder Beobachtung und die Ausrichtung an der unumgänglichen Selbstbezogenheit des Beobachters und seiner Beobachtungen (Luhmann nennt sie »Selbstreferenzialität«, ich werde im folgenden Kapitel darauf genauer eingehen) markieren den Nullpunkt im erkenntnistheoretischen Koordinatensystem der Theorie Luhmanns. Und genau diese Reserviertheit gegenüber den Sicherheitsannahmen theoretischer Selbstbeschreibungen und der Fluchtreflex angesichts gängiger Vorstellungen von Erkenntnisrationalität charakterisieren die luhmannschen Auffassungen als typisch für die westliche Spätmoderne.

Bedeutende theoretische Verwandtschaften und Konkurrenzen

Die charakteristische »Spitzfingrigkeit« hinsichtlich allzu robuster subjektphilosophischer Grundüberzeugungen teilt Luhmanns Theorie mit zwei anderen prominenten Theorielagern der Gegenwart. Einerseits bringt der differenztheoretische Ausgangspunkt der luhmannschen Theorie ihn in die Nähe der französischen poststrukturalistischen Philosophie. Wie der Poststrukturalismus, so gründet auch Luhmann sein erkenntnistheoretisches Credo auf die zentrale Rolle von Unterscheidungen, beide Seiten hegen grundlegende Bedenken gegen die klassisch modernen geschichtsphilosophischen Fundamente, beide verweisen das erkennende Subjekt aus ihren Theoriegebäuden. Dennoch hat Luhmann zu keinem Zeitpunkt seiner wissenschaftlichen Arbeit eine konzeptuelle Brücke in Richtung poststrukturalistischer Theorieansätze gebaut. Freilich finden sich in seinen Texten etliche Querverweise besonders auf die sprach- und zeichentheoretischen Überlegungen von Jacques Derrida und auf die differenztheoretischen Auffassungen von Michel Serres. Hierin lassen sich vielfältige Verbindungen erkennen. Explizite Anknüpfungen von (Teil-)Konzepten der luhmannschen Theorie sozialer Systeme an Theorielinien des Poststrukturalismus gibt es hingegen nicht.

Das zweite große theoretische Parallelunternehmen ist die Theorie des kommunikativen Handelns von Jürgen Habermas. Auch Habermas' theoretische Überlegungen suchen auf der Höhe der Zeit Distanz zur subjektphilosophischen Erbmasse. Und auch Habermas konstituiert ein soziologisches Theoriegebäude, das sich als ein Gesamterklärungsmodell der zeitgenössischen Gesellschaft versteht. Die habermassche und die luhmannsche Sozialtheorie stellen an der Wende von 20. zum 21. Jahrhundert die einzigen – und vielleicht letzten – gesellschaftlichen Universaltheorien dar. Doch ihr Verhältnis zueinander ist voller Spannungen. Denn anders als Luhmann ist Habermas an einer kommunikationstheoretischen Erneuerung des europäischen Vernunftbegriffs gelegen, seine Auffassung von Gesellschaft ist moraltheoretisch geprägt. Vor dem Hintergrund meiner obigen Bemerkungen lässt sich erahnen, wie inakzeptabel ein solches theoretisches Fundament für Luhmann erscheinen muss.

Wenn es in einem Gesprächskontext auch einmal wissenschaftlich weniger zurückhaltend zugehen darf, kann man Luhmanns vernichtende Kritik bereits bei der Kritischen Theorie einsetzen hören: »Ich finde, daß man mit dem Theoriekonzept der ›Frankfurter Schule‹, wenn es ein solches überhaupt gibt, wissenschaftlich nicht arbeiten kann. Das ist eine Position, die nicht kompliziert genug, nicht variantenreich genug ist. Die Kritische Theorie ist nicht kompliziert genug, um etwas anderes als ein protestierendes oder resignatives Verhalten zu provozieren.« (SC, 8) Und sein Urteil über Habermas fällt nicht besser aus: »Das Problem von Habermas besteht darin, daß sein Denken um eine moralische Verpflichtung von Gesellschaftstheorie organisiert ist. Das gibt der Theorie zwar eine besondere Attraktivität, zeigt aber zugleich auch ihre Grenzen an.« (SC, 9) Doch Habermas weiß diese Kritik heimzuzahlen. In seinen prominenten Vorlesungen zum »philosophischen Diskurs der Moderne« heißt es in einem Exkurs zu Luhmanns Systemtheorie der Gesellschaft: Luhmann, dessen Vorstellung von Gesellschaft sich am Bild des »Aktenflusses zwischen Ministerialbehörden orientiere«, vollziehe »eine Denkbewegung von der Metaphysik zur Metabiologie« und nehme der Gesellschaft die Möglichkeit, »normativ Abstand zu sich selbst [zu] gewinnen und auf Krisenwahrnehmungen [zu] reagieren«. Habermas folgert: »Wenn aber moderne Gesellschaften gar nicht die Möglichkeiten haben, eine vernünftige Identität auszubilden, fehlt jeder Bezugspunkt für eine Kritik an der Moderne.« Die Denkfiguren Luhmanns repräsentierten mithin einen »methodischen Antihumanismus«.[1]

Die Luhmann-Rezeption der deutschen Soziologie

Der Antagonismus zwischen der luhmannschen und der habermasschen gesellschaftstheoretischen Position, der sich in solchen fast apodiktisch erscheinenden gegenseitigen Einschätzungen ausdrückt, beginnt bereits mit deren Wurzeln. Habermas steht in der Tradition der klassischen Kritischen Theorie, der von Adorno und Horkheimer geprägten »Frankfurter Schule«, deren Kritik sich vor allem auf die Pathologien einer Moderne zwischen totalitärem Kapitalismus und autoritärem Sozialcharakter richtete. Luhmann hingegen knüpft an den Strukturfunktionalismus von Talcott Parsons an, der die Struktur sozialen Handelns im Hinblick auf die Lösung des Problems sozialer Ordnung beschreibt. Habermas stützt sich zudem auf Max Webers Theorie der Rationalisierung, den symbolischen Interaktionismus George Herbert Meads und die moraltheoretischen Auffassungen Lawrence Kohlbergs. Luhmann erweitert die funktionalistische Basis seiner Theorieanlage, indem er den Sinnbegriff aus der Phänomenologie Edmund Husserls einbezieht, außerdem die Ausführungen der Biologen Humberto Maturana und Francisco Varela zur Funktionsweise lebender Systeme und die Erläuterungen des Mathematikers George Spencer-Brown zu Problemen der Logik. Wenn auch Luhmann wie Habermas sich in der allmählichen Ausformulierung ihrer theoretischen Positionen deutlich gegenüber den jeweils beerbten Theorietraditionen abgrenzten und beide eine persönliche Wertschätzung der Leistungen des anderen zum Ausdruck brachten (Luhmann nannte das in einem Interview einmal »eine Art Respekt für Qualität«[2]), könnten doch die Fundamente ihrer theoretischen Selbstauffassungen nicht verschiedener sein.

Die gesellschaftstheoretische Konkurrenz mit der habermasschen Theorie kommunikativen Handelns begleitete die Entwicklung und Ausprägung der luhmannschen Soziologie nahezu von Anfang an. Die Theoriegefechte zwischen den Antipoden Luhmann und Habermas hatten ihre Hochzeit in den 1970er- und frühen 1980er-Jahren. Sie konnten, je nach Kontext, mit unterschiedlichem Maß an wissenschaftlichem Takt und inhaltlicher Deutlichkeit aufwarten. Die stark normativ ausgerichteten Theoriediskurse der späten 1960er- und vor allem 1970er-Jahre führten für die luhmannsche Gesellschaftstheorie zu eher ungünstigen Startbedingungen. Zumindest für die bundesrepublikanische Soziologie lässt sich das sicher behaupten. Eine schöne Illustration dessen ist allein der Titel eines weit bekannten Diskussionsbandes, mit dem Habermas und Luhmann für die Konfrontation ihrer so unterschiedlichen gesellschaftstheoretischen Auffassungen den Ring freigaben. Dieses Buch erschien 1971 unter Rezeptionsbedingungen, die vornehmlich eine kritische Gesellschaftstheorie favorisierten, und trug den bezeichnenden Titel *Theorie der Gesellschaft oder Sozialtechnologie – Was leistet die Systemforschung?*[3] Es war für damalige kundige Theorieinteressenten nicht schwer, die Begriffsdramaturgie richtig aufzufassen und die involvierte Bewertung zu verstehen. Dieser Band sollte die einzige gemeinsame Publikation von Habermas und Luhmann bleiben.

Stets waren die Debatten zwischen den beiden in der inhaltlichen Ausrichtung so ungleichen, im Anspruch einer gesellschaftlichen Universaltheorie hingegen verwandten Theorieunternehmen stark geprägt von den mitlaufenden Vorwürfen eines Sozialbiologismus (also der Erklärung gesellschaftlicher Zusammenhänge mit den Gesetzmäßigkeiten der Biologie) und normativen Antihumanismus hinsichtlich Luhmanns Theorieangebot. Die Unterstellung eines Sozialbiologismus speiste sich wesentlich aus Luhmanns unerschrockener Adaption von Theoriemodellen der modernen Kybernetik und biologischen Evolutionstheorie in das Begriffsgebäude einer Gesellschaftstheorie. Dieses war unter den seinerzeitigen Umständen ein unerhörter soziologischer Tabubruch. Und auch Luhmanns deutliche Abwehr einer normativen Ausrichtung seiner Theorieanlage, ja seine Unvereinbarkeitserklärung jeglicher ambitionierten Theorie des Sozialen mit einem normativ gestützten Aufklärungsinteresse erzeugte im Diskursklima jener Zeit beträchtliche Aversionen. Der stets etwas kühle Duktus seiner funktional ausgerichteten Betrachtung gesellschaftlicher Phänomene verstärkte noch die Vorbehalte jener Theorieliga, die auf das kritische Engagement setzte. Zumal Luhmann den Vorwurf des Antihumanismus auch noch auf kecke Weise akzeptierte, indem er selbst seine Theorie sozialer Systeme als »radikal antihumanistisch« beschrieb, »wenn unter Humanismus eine Semantik verstanden wird, die alles, auch die

Gesellschaft, auf die Einheit und Perfektion des Menschen bezieht. Sie ist zugleich eine Theorie, die, im Unterschied zur humanistischen Tradition, das Individuum ernst nimmt.« (SozAuf 6, 36)

Mit dem Übergang zu den 1980er-Jahren gab es konjunkturelle Änderungen auf dem Theoriemarkt. Eine auf ganzer Breite geführte Diskussion über die in eine »Postmoderne« eintretende westliche Kultur und das sich abzeichnende gesellschaftliche Bewusstsein einer »Risikogesellschaft« (Ulrich Beck) erzeugten ein gewandeltes rezeptives Mikroklima. Die neuen diskursiven Strömungsverhältnisse boten günstige Rezeptionsbedingungen für vernunftkritische und steuerungsskeptische Grundhaltungen. Dieses Jahrzehnt ermöglichte eine breitere akademisch-wissenschaftliche wie auch feuilletonistisch-intellektuelle Akzeptanz des luhmannschen Theorieangebots. Es ist die Phase großer Rezeptionsgewinne und konzeptueller Konsolidierung für Luhmanns Theorie der Gesellschaft. Die Weiterentwicklung der Theorie selbst wie auch ihre Verbreitung gewinnen jetzt eine neue Dynamik. Die 1960er- und 1970er-Jahre waren der Zeitraum, in dem Luhmanns Veröffentlichungen die ersten begrifflichen und konzeptuellen Landgewinne verzeichneten: Es finden sich besonders rechtssoziologische Ausführungen, organisationstheoretische Überlegungen und Textsammlungen zu den verschiedenen ersten Grundlagen einer Theorie sozialer Systeme. Das folgende Dezennium der 1980er-Jahre nun eröffnet vor allem eine breite wissenssoziologische Auseinandersetzung Luhmanns mit der modernen Gesellschaft, findet einen wesentlichen Merkpunkt in der Veröffentlichung des luhmannschen Grundrisses einer allgemeinen Theorie sozialer Systeme (im Buch *Soziale Systeme*) und mündet in die beginnende konzentrierte Abhandlung der einzelnen funktionalen gesellschaftlichen Teilbereiche (der erste ist 1988 der Bereich der Wirtschaft).

Die ausgehenden 1980er-Jahre sind durch die rasche Verbreitung der luhmannschen Soziologie und ihre wissenschaftliche Kanonisierung wie auch enorme Popularisierung gekennzeichnet. In die 1990er-Jahre (bis zu Luhmanns Tod 1998) fallen dann Luhmanns Veröffentlichungen zu den funktionalen Teilbereichen der Gesellschaft (hier nun Wissenschaft, Recht, Massenmedien, Kunst und, posthum veröffentlicht, Politik, Religion und Erziehung) und die Publikation seines Schlüsselwerks und Opus magnum seiner Theoriearbeit, des Doppelbandes *Die Gesellschaft der Gesellschaft*. Diese geradezu stakkatoartige Publikationspraxis Luhmanns erzeugt einen beträchtlichen wissenschaftlichen Diskursdruck. Andererseits haben sich nun unter dem Eindruck des Zeitgeistes auch die hiesigen wissenschaftlichen Mentalitäten verändert. So öffnet sich seine eigene Disziplin, die Soziologie, verstärkt der überfälligen unvoreingenommenen Auseinandersetzung mit der Systemtheorie Luhmanns. Die Systemtheorie der Gesellschaft wird zum Standard in der soziologischen Lehre an den Universitäten, zum selbstverständlichen Gegenstand wissenschaftlicher Tagungen, zu einer gebräuchlichen Argumentationsbasis fachlicher Diskurse.

Die genuin soziologische Beschäftigung mit dem luhmannschen Theorieangebot erhält zudem massive Konkurrenz. Zum einen rezipieren nun auch andere wissenschaftliche Disziplinen mehr oder weniger intensiv die soziologische Systemtheorie luhmannscher Prägung. Auf der anderen Seite entwickelt sich in den 1990er-Jahren eine große Aufmerksamkeit für die Systemtheorie im weiten Feld der psychologisch-therapeutischen Tätigkeiten und psychosozialen Beratungsangebote sowie in den seinerzeit sich formierenden Metiers der Organisationsberatung und -entwicklung und des bis heute boomenden Coachings. In diesen Arbeitsgebieten besteht offenkundig eine erhöhte Affinität für bestimmte Auffassungen und Grundhaltungen konzeptueller oder reflektierender Art, wie sie im luhmannschen Diskurs über die gegenwärtige Gesellschaft aufscheinen. Psychotherapeutische und beraterische Konzepte ebenso wie Strategien zum Unternehmensmanagement oder Offerten für das Lernen in Organisationen implementieren an zentralen Stellen wichtige Fundstücke ihrer ganz eigenen Luhmann-Lektüre. Kaum ein Fortbildungsseminar zu »Coachingtools« oder ein Trainingsangebot zum »Lernen in Gruppen« oder ein Workshop zur »kreativen Teamsupervision«, das nicht irgendwie »systemisch« orientiert ist oder das Handeln unter »komplexen Umweltbedingungen« ins Visier nimmt.

Wie auch immer dieser Niederschlag wissenschaftlicher Inhalte innerhalb professioneller Anwendungsfelder zu beurteilen ist, er markiert die diskursive »Begleitmusik« zum Prozess der unübersehbaren wissenschaftsinternen Standardisierung einer Luhmann-Rezeption. Die geradezu euphorische Expansion dieser Jahre endet erst mit Luhmanns Tod 1998 oder kurz darauf. Die Person Luhmanns war wohl doch von so zentraler Wichtigkeit, dass ihr Verlust gleichsam das Abflachen der systemtheoretischen Kursentwicklung im Konjunkturbarometer gesellschaftstheoretischer Reflexionslandschaften zur Folge hatte. Doch in gewisser Weise war die Theorie Luhmanns zu diesem Zeitpunkt bereits am Ziel angekommen, denn seit den 1990er-Jahren gehört die luhmannsche Theorie sozialer Systeme endgültig zum Kanon soziologischer Theoriebildungen. Dabei ist die ganz große Liebe der soziologischen Zunft zu diesem jüngsten Spross einer gesellschaftlichen Großtheorie nicht wirklich wahrzunehmen.

Luhmanns Theorie heute

Für die Gegenwart lässt sich sagen, dass die Phase der »Luhmann-Euphorie« in der wissenschaftlich-akademischen Landschaft einstweilen vorüber zu sein scheint. Über die inhaltlich-systematische wie die expansive Fortentwicklung der von Luhmann geprägten soziologischen Systemtheorie lässt sich nur unzureichend spekulieren. Dafür ist hier aber auch nicht der Ort. Festzuhalten ist, dass es stiller geworden ist um die luhmannsche Theorie. Gemeinsam mit der habermasschen Theorie des kommunikativen Handelns bildet sie die einzige soziologische Universaltheorie beim Eintritt dieser Disziplin in das 21. Jahrhundert. Der langjährige Zweikampf dieser beiden Kontrahenten ist vorerst beendet – mit einem Unentschieden. Dabei hat sich der Zeitgeist der fachlichen wie außerfachlich-intellektuellen Auseinandersetzungen freilich abermals verschoben. Gegenwärtig finden wir uns in Diskussionslandschaften wieder, die stark vom Spekulieren über unterschiedlichste Globalisierungsfolgen geprägt sind, vom mehr oder weniger aufgeregten Verhandeln eines »Widerstreits der Kulturen«, vom intensiven Erörtern weitreichender sozialer Gerechtigkeitsfragen. Diese Sujets sind klar normativ getönt. Insofern bietet sich hier ein Anschluss an die luhmannsche Theorie der Gesellschaft, die doch so sehr auf die normative Enthaltsamkeit einer systematischen Beobachtung von Gesellschaft gesetzt hat, nicht unmittelbar an. Dementsprechend verwundert es nicht, dass das habermassche Theorieangebot sich hier deutlich affiner zeigt und, im engen Austausch mit dem angloamerikanisch geprägten politiktheoretischen und rechts- und moralphilosophischen Denken, erheblich mehr Anschlussmöglichkeiten offeriert. Doch auch die luhmannsche Theorie ist eigentlich gut, wiewohl anders aufgestellt. All die eben genannten Diskurse äußern in wesentlichen Passagen Zweifel an herkömmlichen Diagnoseinstrumenten, stellen Steuerungsansinnen infrage oder problematisieren Planungsmodelle. Und hierzu weiß die Theorie Luhmanns eine Menge beizutragen. Denn in allen angedeuteten thematischen Krisenregionen wird den geäußerten Positionen stets eine Mahnung zur Seite gestellt, die Luhmann ebenfalls als wichtigen Hinweis betont: dass jede dieser Bemühungen »immer auch Verweisungen auf Unbekanntes, auf Ausgeschlossenes, auf Unbestimmbares, auf Informationsmängel und auf eigenes Nicht-Wissen mitführt« (GdG, 38). Und genau hier ist die Theorie Luhmanns zu Hause.

Vor diesem geschilderten Hintergrund wird für den Leser deutlich, in welche Zeitumstände der lange Jahre währende Streit um die luhmannsche Theorie eingebettet ist. Dieser hatte eine Anlaufphase, eine Hochzeit und schließlich eine Etappe wohlwollender Konkurrenz. Luhmanns Gesellschaftstheorie ist schließlich zum mehr oder weniger akzeptierten Kernbestand gegenwärtiger Soziologie aufgerückt. Freilich erzeugt ihre deutliche Distanz zur soziologischen Tradition und ihre auf radikal andere Fachgegenstände und -modelle setzende Argumentation auch einen erheblichen Adaptionsunwillen innerhalb der Disziplin. Dies ist die Hypothek eines so sehr auf konzeptuelle Innovation, ja bisweilen auch Provokation setzenden Unternehmens. Ein Grund, sich gerade deshalb mit ihm auseinanderzusetzen, ist es allemal.

Geschlossenheit der Theorie und ihre Offenheit für Zugänge

Der Versuch, in die luhmannschen Denkvorstellungen einzudringen, hat erhebliche Widerstände seines Gegenstandes zu überwinden. Nicht wenige Neugierige, die sich mit dieser Theorie beschäftigen möchten, die mehr über diese eigentümliche Modelllandschaft und die in ihr präsentierten Denkangebote wissen wollen, sind nach kurzer Besichtigungsreise ernüchtert. Luhmann schlägt in seinen Texten einen charakteristischen Ton begrifflicher Präzision und geradezu kristalliner Gedankenführung an. Das erzeugt den unbedingt positiven Eindruck einer Konzentration auf die Beschaffenheit des Verhandlungsgegenstands, niemals auf bedeutungsschwangeres Begriffsdunkel oder den billigen Effekt. Allerdings ist der aufgebaute Begriffsapparat von enormer Komplexität.

Im Versuch, eine ganz neu ansetzende gesellschaftliche Universaltheorie zu entwickeln, hat Luhmann ein dichtes Gefüge von Modellvorstellungen und theoretischen Termini geschaffen. Dieses imponiert und schüchtert gleichermaßen ein. Natürlich liegt dem keine entsprechende Absicht zugrunde. Dennoch empfinden viele »Luhmann-Neulinge« den Gegenstand ihres Interesses zunächst als in sich sehr verwoben und entsprechend hermetisch. Dieser Eindruck ist sicher nicht falsch. Er ist nun keineswegs ein stichhaltiges Argument gegen eine wissenschaftliche Theorie, aber wohl ein wesentliches rezeptionspsychologisches Hindernis.

Die starke Modularität und begriffliche Rekursivität sind ein Charakteristikum der Theoriebildung Niklas Luhmanns. Wer sich als Anfänger mit seiner Theorie auseinandersetzt, dem kann sich bei der Arbeit an den Inhalten und begrifflichen Ausführungen durchaus der Eindruck eines Vokabellernens aufdrängen. Dabei sind die Begriffe von Luhmann selbst äußerst fein ausdifferenziert worden. Die Betrachtung sehr unterschiedlicher Facetten gesellschaftlicher Realität schafft dabei einen umfangreichen »Einzugsbereich« für die Theoriebildung. Die dann im Sog der beabsichtigten Universaltheorie aufgetürmte Begriffslandschaft erscheint dem Neuling nahezu folgerichtig wie ein Dickicht von Definitionen und Setzungen. Das Ziehen an einer Stelle in einem solchen Begriffsnetz ruft quasi automatisch weitere begriffliche Knotenpunkte auf. Die Begriffslandschaft der luhmannschen Theorie scheint auf komplexe Weise in sich verlinkt. Nicht umsonst haben Theodor Bardmann und Alexander Lamprecht die Einführung zu einer von ihnen erstellten Multimedia-CD zur luhmannschen Systemtheorie mit »Theorie als Hypertext« überschrieben.[4] Und wirklich erscheint manchem die Theorie Luhmanns bisweilen wie ein großer Datensatz mit vielfältigen internen Hyperlinks.

Tatsächlich hat Luhmann mit einem solchen in sich verlinkten Datensatz gearbeitet: seinem mittlerweile legendären Zettelkasten. Als Angehöriger einer Generation, die mit analoger Datenverarbeitung aufgewachsen ist, hat er wichtige Lektüreergebnisse und eigene Notizen auf Karteikarten festgehalten. Diese hat er dann durch Verweise aufeinander bezogen und in eine komplizierte Systematik eingeordnet. Wenn er seinen Zettelkasten dann hinsichtlich eines bestimmten Begriffs abfragte, so konnte das entsprechende Kärtchen über die weitere Verfolgung der angelegten Links »zufällig« einen überraschenden neuen Text produzieren. Etliche seiner eigenen Überlegungen und Ausarbeitungen sind, so Luhmann, bei dieser Kommunikation mit dem Zettelkasten entstanden. »Wissenschaftliche Publikationen entstehen denn auch nicht, so jedenfalls meine Erfahrung, durch Abschreiben dessen, was für diesen Zweck im Zettelkasten schon niedergelegt ist. Die Kommunikation mit dem Zettelkasten wird erst auf höher generalisierten Ebenen fruchtbar, nämlich auf der Ebene der kommunikativen Relationierung von Relationen. Und sie wird erst im Moment der Auswertung produktiv, also zeitgebunden und in hohem Maße zufällig.« (UniMilieu, 60)

Die Soziologie Luhmanns ist, obwohl voluminös und in sich stark ausdifferenziert und begrifflich dicht gewoben, keineswegs ein abgeschlossenes Theorieunternehmen. Vielmehr ist sie wie jeder noch nicht musealisierte Entwurf gesellschaftlicher Reflexion an wesentlichen Stellen entwicklungsoffen. Ich werde im weiteren Verlauf dieses Buches darauf noch ausdrücklich zu sprechen kommen. Gleichermaßen besitzt sie für angrenzende Disziplinen oder zu fortführenden Fragestellungen noch weit mehr Anregungspotenzial, als bisher hinsichtlich solcher Anschlussmöglichkeiten offenkundig wurde.

Die Soziologie Luhmanns in der Perspektive der Philosophie

Luhmann war Soziologe, sein Lebenswerk ist der Entwurf einer soziologischen Theorie der Gesellschaft. Damit steht dieses Angebot klar jenseits des Gefüges der Philosophie. Zu keinem Zeitpunkt und an keiner Stelle hat er den Anspruch erhoben, mit seinem Gedankengebäude in den Diskurs der Philosophie eingerechnet zu werden. Dennoch lassen sich gewisse Wahlverwandtschaften aufzeigen. Luhmann geht es um die Beschreibung von Gesellschaft. Er fertigt zeitlebens etliche umfangreiche Module einer solchen Gesamtbeobachtung an und entwirft den Fluchtpunkt einer Universaltheorie der Gesellschaft. Dabei berührt er zwangsläufig gesellschaftstheoretische Fragen nach dem Zusammenwirken vielfältiger gesellschaftlicher Existenzformen, nach dem Funktionieren gesellschaftlichen Austausches, nach dem Entwicklungsgang und der Beschaffenheit gesellschaftlicher Strukturen, nach dem Entstehen gesellschaftlicher Ordnung und den Mechanismen der Integration von Menschen in diese Ordnung. Diese Frage- und Beobachtungshorizonte liegen nicht in gänzlich anderen Welten, als sie die Philosophie bearbeitet. Dennoch gibt es grundlegende Unterschiede in der Haltung, mit der diese Erkenntnisterrains jeweils durchstreift werden. Wo es für die Philosophie um Sinnfragen geht, interessiert sich Luhmann – wie weite Teile der Soziologie insgesamt – für die Weise, in der eine Gesellschaft nach Antworten auf solche Fragen sucht. Wo die Philosophie über ein »Was soll ich tun?« spekuliert, sieht sich Luhmann in seiner Neugier gefordert, herauszufinden, welche Effekte die Antworten auf die Stabilität des Miteinanders der Antwortgeber haben. Wo die Philosophie nach dem fragt, was gewusst oder wie verstanden werden kann, konzentriert sich Luhmann auf die Folgewirkungen der Probleme, die durch solche Fragestellungen quasi entdeckt werden. Mit anderen Worten: Die für die Philosophie typische Konzentration auf

Letztbegründungen, auf Maximen, auf regulative Leitvor-
stellungen sind der Soziologie Luhmanns fremd. Seine (von
anderen bisweilen zum Markenzeichen stilisierten) Hinweise
auf die notwendige normative Enthaltsamkeit einer avancierten Soziologie, sein für eine Gesellschaftstheorie geforderter
Verzicht auf Aussagen zum Wesen des Menschen, den er zur
Umwelt der Gesellschaft rechnet – solche Grundentscheidun-
gen für die Ausrichtung des eigenen Theorieentwurfs machen es einer Philosophie nicht leicht, Kontakt zu diesem
sperrigen Disziplinnachbarn aufzunehmen.

Doch für die Philosophie gäbe es dennoch ähnliche und
anregende Charakterzüge zu entdecken. Das überdeutliche
Abrücken von der erkenntnistheoretischen Zentralfigur des
reflexiven Subjekts, das ich weiter oben beschrieben habe;
die ebenfalls schon angesprochene Verankerung aller ge-
troffenen theoretischen Aussagen im stets selbstbezüglichen
Beobachtungsrahmen der Theorie; der fundamentale Zweifel an der Haltbarkeit von letzten Begründungen und Ge-
wissheiten und die davon getragene konstitutive Skepsis im
Theoriedesign – all diese Momente könnten einer philosophischen Position, die sich der luhmannschen Theorie zuwen-
det, vertraut sein und unter Begriffen wie »erkenntnistheo-
retischer Zweifel«, »Metaphysikkritik«, »Überwindung des
transzendentalen Subjekts« oder »Deontologisierung« in hei-
misches Terrain überführt werden. Im selben Maße, in dem
in Luhmanns Überlegungen zahlreiche Spuren neuerer
philosophischer Diskurse aufscheinen, könnten sich auch
gegenwärtige Positionen innerhalb der Philosophie von Luhmanns bisweilen irritierend neuer Sicht auf Gesellschaft
anregen lassen. So könnten theoretische Figuren und argu-
mentative Muster seiner Theorie sozialer Systeme dann
gleichsam in einer Import-Reimport-Bewegung eine interessante Inspirationsquelle für die Philosophie darstellen.

Ich vermag mir vorzustellen, dass diese Irritationswirkung
eigentümlicherweise besonders für die Sozialphilosophie
gelten könnte. Diese Vermutung ist auf den ersten Blick be-

fremdlich. Zwar hat die Sozialphilosophie mit der Soziologie offensichtlich die Dimension des Gesellschaftlichen, des sozialen Miteinanders gemeinsam. Doch sperrt sich das überdeutliche sozialphilosophische Kennzeichen normativ-wertender Positionsbestimmungen dem Hinübergreifen auf eine Argumentationskultur, die so sehr gerade die Abkehr von normativen Theorieanlagen propagiert, wie das in den Texten Luhmanns deutlich wird. Der »methodische Antihumanismus« luhmannscher Art scheint nicht recht vereinbar mit dem Nachdenken über wünschenswerte Regulationsverhältnisse im sozialen Zusammenleben. Ich denke hinsichtlich einer theoretischen Begegnung von Luhmann und zeitgenössischer Sozialphilosophie auch eher an ein produktives Reibungsverhältnis. Aus den so erwachsenden Spannungen und wechselseitigen Provokationen absorbierend zu lernen – das ist es, was für das sozialphilosophisch ausgerichtete Nachdenken dabei herausspringen könnte. Diesen Lernniederschlag nennt Peter Fuchs, ein anderer prominenter Luhmann-Schüler und Vertreter der soziologischen Systemtheorie, gern die »Anreicherung von Intelligenz im System«.

Dabei könnten die Anregungen, die eine moderne (Sozial-)Philosophie aus den Arbeiten Luhmanns bezieht, auf zwei ganz unterschiedlichen Ebenen entstehen. Die eine, direkte Anschlussebene läge etwa entlang der Fragestellung, wohin der Mensch in einer gegenwartsbezogenen Beschreibung der Gesellschaft gehört. Luhmanns Provokation besteht darin, dass er den Menschen aus der Gesellschaft ausschließt, zur »Umwelt« der Gesellschaft rechnet. Indem er aus der Gesellschaft ausgeschlossen wird, wird er in gewisser Weise in die Theorie der Gesellschaft eingeschlossen, besetzt eine bestimmte markante Theoriestelle. Das, was Luhmann zu so unterschiedlichen Konzepten wie Mensch, Subjekt, Person, Individuum zu sagen hat, lässt sich als Anregung zur Positionsbestimmung des Menschen in der modernen Gesellschaft aufgreifen. Sein Unternehmen ist es ja gerade, mit präzisen Argumenten abzustecken, wie gegenwärtige gesellschaftliche Gefüge auf Vorstellungen von Mensch, Subjekt, Person, Individuum zugreifen und ihnen eine Funktionsstelle bei der Herstellung sozialer Ordnung zuweisen. Zwar hegt Luhmanns Theorie kein Interesse dafür, wie dieses Verhältnis von Mensch und Gesellschaft beschaffen sein *soll*. Doch kommt auch kein normativer Versuch einer solchen sozialphilosophischen Verhältnisbestimmung ohne bündige soziologische Diagnosen und Erklärungsmodelle aus. Dass die luhmannsche Theorie in ihrer eigenen Offerte diesbezüglich besonders deutlich (und nicht selten lustvoll) mit der bisherigen gesellschaftstheoretischen Tradition bricht, steigert doch zunächst vor allem einmal ihr Anregungspotenzial. Peter Sloterdijk hat es auf den Punkt gebracht: Luhmanns »Abbau der Subjektüberlastung hat […] zugleich epistemologische und moraltheoretische Implikation(en)«[5]. Diese auszuloten könnte sich eine moderne (Sozial-)Philosophie zur Aufgabe machen.

Und eine zweite, eher indirekte Anschlussebene könnte die Philosophie (wie auch etliche andere Nachbardisziplinen) für sich fruchtbar machen. Sie läge im uneingeschränkten Bejahen theoretischer Konfrontationsstellungen, in der Unerschrockenheit gegenüber dem Sperrigen, Dissonanten, im positiven Verhältnis zu den blinden Flecken der eigenen Erkenntnis. Man könnte dies als eine Art Haltung der luhmannschen Theorie beschreiben. Nun ist eine Erkenntnishaltung sicherlich noch kein normativ ausgerichtetes inhaltlich-methodisches Fundament einer Theorie. Sie markiert eher die im Hintergrund eines Reflexionsgebäudes aufscheinende Einstellung zum eigenen beobachtenden Tun. Mit einem Begriff wie »Haltung« befinden wir uns in den normativen Randbezirken der erkenntnistheoretischen Wesensbestimmung eines Theoriegebäudes. Dann ist die von Luhmann so deutlich fokussierte normative Neutralität einer gesellschaftstheoretischen Beobachtung zwar auch eine inhaltlich-methodische Maßgabe, die sich in wissenschaftlicher Argumentation begründen lassen muss. Sie ist in meiner Lesart

aber zugleich auch ein zentraler Bestandteil einer »Philosophie« der Erkenntnishaltung. Aus dieser kann für theo-
retisch Neugierige ein ganzer Strauß von Anregungen dafür
erwachsen, wie sich der Zugriff von Theorien auf Themen-
felder gewinnbringend anlegen lässt. Dann erzeugt die Maßgabe einer inhaltlich-methodischen Nüchternheit eine interessante Spannung mit einer hoch motivierten Haltung der
konfrontativen Unbefangenheit, der Entdeckungsfreude im
Nachbarschaftsverhältnis ganz unterschiedlicher wissenschaftlicher Denkgebäude, der Lust an den Herausforderungen des Unabgeschlossenen und des »Es geht auch ganz
anders« und mit durchaus affektiv getönten forschungs-
psychologischen Empfehlungen (»Vorsicht vor zu schnellem
Verstehen«, so Luhmann in dem bereits erwähnten Fernsehinterview mit Alexander Kluge). Ihr amoralischer theoretischer Zeigefinger kombiniert sich gar mit einem humor-
vollen Selbstverhältnis. Noch einmal Sloterdijk zur luhmannschen Theorie: »Sie ist wesenhaft selbstironisch, weil sie im
Bezug zum anderen immer auch die Befangenheit in einer
eigenen Perspektive eingesteht.«[6]
Wenn ein Kennzeichen moderner Gesellschaften das Bewusstsein von riskanten Verhältnissen ist, dann ist doch eine
Theorie, die das erkenntnistheoretische Risiko konsequent
verankert und bis in ihre Erkenntniskultur fröhlich will-
kommen heißt, eine wissenschaftliche Leistung auf der Höhe
der Zeit. Dass von ihren Zumutungen auch profitieren
könnte, wer sich mit wesentlichen (sozial-)philosophischen
Fragestellungen der Gegenwart beschäftigt, ist meine Überzeugung. Hiervon soll der Leser eine deutlichere Ahnung
bekommen, wenn wir nun etwas tiefer in die Theorie Luhmanns einsteigen.

Soziale Systeme

Die Soziologie Luhmanns, um die es hier geht, ist eine Theorie sozialer Systeme. Das bedeutet, dass sie soziale Systeme beobachtet und ihre Beobachtungen konzeptuell systematisiert. In diesem Kapitel soll es um zwei Aspekte gehen: Einmal ist zu klären, was eigentlich soziale Systeme sind. Zum anderen möchte ich erste Hinweise darauf geben, welche besonderen Bedingungen soziale Systeme in ihrem Inneren aufbauen, die sie zur Aufrechterhaltung ihrer Funktionsweise benötigen.

Soziale Systeme und Menschen

Was wird eigentlich in der Theorie Luhmanns unter einem »sozialen System« verstanden? Ein Begriff, der uns alltagssprachlich näher ist, ist der der Gesellschaft. Würde man jemanden, der sich nicht an den Besonderheiten der luhmannschen Theorie orientiert, um eine Erklärung für den Begriff »Gesellschaft« bitten, so könnte die Antwort lauten: die Gesamtheit des Miteinanders von Menschen. Dieses scheinbar selbstverständliche Miteinander von Menschen als Fluchtpunkt einer Definition des Sozialen verliert in Luhmanns Betrachtungen seine Kontur. Ihm geht es gerade nicht um das Miteinander von Menschen. Denn: »Eine Gesellschaft besteht nicht aus Menschen.« Die Auffassung, dass »eine Gesellschaft aus konkreten Menschen und aus Beziehungen zwischen Menschen bestehe« (GdG, 24), nennt Luhmann gar eine »Erkenntnisblockierung« im Verständnis von Gesellschaft. Diese zunächst ungewöhnliche Behauptung verlangt nach Aufklärung.
Im Zentrum der luhmannschen Sozialtheorie stehen nicht Menschen, sondern Kommunikationen. Zwar sind es Men-

schen, denen wir im Alltag die Kommunikation zurechnen. Doch wir wissen, dass jene dabei auch atmen, sie formen Laute, ihr Blutdruck steigt möglicherweise, sie fangen vielleicht an zu schwitzen, laufen vor Ärger im Raum herum, denken über die Peinlichkeit der augenblicklichen Situation nach, überlegen die Wirkung ihrer Worte auf andere Gesprächspartner, erinnern sich an ähnliche Situationen in der Vergangenheit, leiden unter der schlechten Luft im Zimmer und anderes mehr. Und all dies lässt sich schwerlich als Teil der Gesellschaft betrachten.

Sehr wohl aber, so könnte Luhmann sagen, wird es zu einem gesellschaftlichen Geschehen, wenn es in und mittels Kommunikation entdeckt, thematisiert, zugänglich wird. Wenn ich der empfundenen Peinlichkeit des Moments sprachlich Ausdruck verleihe, wenn mein Gegenüber sich über meine körperliche Unruhe beschwert, wenn ich mit dem Hinweis auf meine nervliche Belastung das Gespräch beende, wenn also alle diese Externa in die Kommunikation selbst eingehen, werden sie zu einem Teil gesellschaftlichen Geschehens. Und mein Gesprächspartner kann den ihm kommunikativ zugeworfenen Ball annehmen oder als Zumutung ablehnen, kann eine Deutung anbieten oder gar den Ball mit einer Provokation zurückwerfen.

Gesellschaft besteht aus Kommunikation, genauer: aus Kommunikation, die an vorige Kommunikation anschließt. Dieser Anschluss von Kommunikation an vorgängige Kommunikation markiert den Kristallisationspunkt von Sozialität. Die oben bezeichneten Externa bilden die Rahmenbedingungen für solche Sozialität, ihr Außen. Luhmann nennt sie die Umwelt des Sozialen. Dieses Außen kann das sein, was wir alltagssprachlich oftmals als Umwelt bezeichnen: die physikalischen, chemischen, biologischen Bedingungen um uns herum. Diese Bedingungen sind zugleich Teil unserer körperlichen Existenz, auch unser Körper ist eine solche Umwelt für Kommunikation. Und das gilt ebenso für unser Bewusstsein, die Gesamtheit psychischer Vorgänge, die ebenfalls und in besonderem Maße eine Umwelt kommunikativer Vorgänge sind.

Nun geschehen Kommunikationen zwar spontan, oftmals ungeplant-chaotisch, häufig ohne stringente Zielbestimmung. Dennoch besitzen sie eine Beschaffenheit, die die Möglichkeit der Fortsetzbarkeit, des Anschlusses, der Beständigkeit bereithält. Dann können Zusammenhänge entstehen, Optionen geschaffen, kommunikative Bezüge hergestellt werden. Es können sich Strukturen von Dauer etablieren. Wenn dies geschieht, entwickeln sich soziale, also kommunikative Gebilde, die wiederum Möglichkeiten der Anschließbarkeit weiterer sozialer Vorgänge transportieren. Es entstehen Konturen sozialer Systeme.

Die Zurechnung zu einem System markiert ein Innen/Außen-Verhältnis. Das heißt nichts anderes, als dass bestimmte Elemente dem System zugerechnet werden, andere wiederum der Umwelt. Kommunikation reiht sich an Kommunikation und markiert die Systemseite des Sozialen. Dabei werden kommunikative Prozesse begleitet von Bewusstseinsvorgängen, körperlichen Prozessen, physikalischen Bedingungen etc., welche (bezogen auf die Kette von Kommunikationen) die Umweltseite des Sozialen markieren. Ein solches System/Umwelt-Verhältnis lässt sich natürlich auch anders fokussieren, behält jedoch das grundlegende Innen/Außen-Schema bei: Auch Bewusstseinsprozesse können aneinander anschließen und werden ihrerseits flankiert von kommunikativen Vorgängen, biologischen Abläufen, physikalischen Mechanismen etc. Auch Bewusstseinsprozesse können also mit anderen Worten ein System bilden, das in einer sozialen, biologischen, physikalischen oder anderen Umwelt existiert.

Grundlegend lässt sich also sehen, dass Systeme in je spezifischen Umwelten existieren, welche dann ihrerseits wiederum aus weiteren Systemen bestehen können. Die Systeme selbst sind intern unterschiedlich strukturiert und zusammengesetzt – abhängig von der jeweiligen Perspektive ihrer Beschreibung. So könnte etwa ein Beobachter, der während eines Vormittags die Geschehnisse in einer Schulklasse verfolgt, die Veränderung grundlegender sozialer Vorgänge während dieses Zeitraumes betrachten oder aber die komplexen Verläufe während einer einzelnen Stunde oder die typischen kommunikativen Reaktionsformen der Lehrerin bei bestimmten Störungen durch Schüler oder die wechselhaften Formen der Unterrichtsbeteiligung einer Schülergruppe bei unterschiedlichen Lehrpersonen in verschiedenen Stunden und vieles mehr. Die kommunikativen Vorgänge würden dabei, in Abhängigkeit von der jeweiligen Beobachterperspektive, jeweils verschieden aggregiert. Die kleinsten Einheiten aller dieser Beschreibungen wären in jedem Fall Kommunikationen. Luhmann nennt diese kleinsten Einheiten die Letztelemente oder einfach nur die Elemente des jeweiligen Systems. Sie sind konstitutiv für das einzelne System. So ist Kommunikation, und nichts als Kommunikation, das Letztelement sozialer Systeme. Denn sie »ist die kleinstmögliche Einheit eines sozialen Systems, nämlich jene Einheit, auf die Kommunikation noch durch Kommunikation reagieren kann« (GdG 82).

Vor dem Hintergrund dieser Betrachtung wird nun plausibel, warum Luhmann betont, die Gesellschaft bestehe nicht aus Menschen. Sie besteht vielmehr aus Kommunikationen, die in einem vielschichtigen Verhältnis zu einer komplexen Umwelt unzähliger psychischer, biologischer, physikalisch-chemischer und anderer Vorgänge zu unterschiedlich komplexen Zusammenhängen aggregiert werden können. »Menschen« sind in dieser Perspektive dann alltagssprachlich gebräuchliche Bündelungen mannigfacher System/Umwelt-Verhältnisse – und dergestalt für eine Theorie des Sozialen viel zu grob gerasterte Zurechnungen.

Somit sind es auch nicht Menschen, die kommunizieren. Das ist zunächst für unsere alltägliche Anschauung durchaus kontraintuitiv, denn allgemein »bekommt man normalerweise zu hören: letztlich seien es doch immer Menschen, Individuen, Subjekte, die handeln bzw. kommunizieren. Demgegenüber möchte ich behaupten, daß nur die Kommunikation kommunizieren kann und daß erst in einem solchen Netzwerk der Kommunikation das erzeugt wird, was wir unter ›Handeln‹ verstehen.« (SozAuf 6, 113)

Nichtsdestotrotz kann aber Kommunikation auf ein »Ich möchte gern …« oder ein »Ich fühle mich …« oder ein »Ich verstehe Folgendes …« abstellen. Und sie kann explizit jemand anderes zu etwas bewegen oder jemanden vorsätzlich ausgrenzen wollen. Diese Bezugspunkte nennt Luhmann Adressen. Kommunikation benutzt solche Adressen, um Intentionen und Erwartungen ausrichten zu können. Die Formen, die solche Adressen in der Kommunikation annehmen, heißen in der luhmannschen Theorie Personen. Dann kann Kommunikation explizit wie implizit an Personen adressiert sein. Solche Personadressen sind als Punkte der Ausrichtung kommunikativer Handlungen Teil des jeweiligen sozialen Systems. Und die beteiligten psychischen Systeme erkennen an den in der Kommunikation verwendeten Adressen, wohin sich soziale Erwartungen richten.

Luhmanns Begriff von Kommunikation

Kommunikation markiert also die Systemseite des Sozialen. Nun soll Luhmanns Auffassung von kommunikativen Vorgängen näher beleuchtet werden. Wie bereits betont, ist Kommunikation zunächst einmal ein Anschlussvorgang. Nur wenn Kommunikation an Kommunikation anschließt, können sich soziale Gebilde konturieren. Was heißt das genauer? Luhmann fasst die kommunikative Handlung als ein Integral von Information und Mitteilung auf. Dann kommt es bei jedem Vorgang der Kommunikation darauf an, jene beiden Momente herauszuarbeiten, zu identifizieren. Dieses Herauspräparieren nennt Luhmann Verstehen. Verstehen bedeutet also: die Identifikation einer Information und einer Mitteilung in einer kommunikativen Offerte. Und erst dieses Verstehen erzeugt Kommunikation.

An dieser Stelle ist es für eine präzise Auffassung des luhmannschen Kommunikationsbegriffs wichtig, dessen theorietechnische Hintergründe kurz zu beleuchten. Wird in der wissenschaftlichen Literatur Luhmanns Grundauffassung von Kommunikation diskutiert, so betonen viele Autoren den konstruktivistischen Hintergrund dieses Konzepts. Unter dem Label des »Konstruktivismus« wird eine Vielzahl mitunter sehr verschiedenartig angelegter Theoriedesigns subsumiert. An dieser Stelle ist es freilich nicht angezeigt, eine Landkarte zur Artenvielfalt konstruktivistischer Ansätze zu zeichnen.[7] Es reicht für die hier angestellten Überlegungen, ein oder zwei Pointen festzuhalten, die für die Auffassung des zur Diskussion stehenden Begriffs von Kommunikation erhellend sind.

Eine gemeinsame erkenntnistheoretische Grundannahme konstruktivistischer Theoriebildungen liegt in ihrer Auffassung von Wirklichkeit. Eine solche Wirklichkeit mag existieren oder nicht, ihre erkennende Beschreibung ist unumgehbar eine Konstruktionsleistung. Das heißt, dass der Erkenntnisvorgang nicht eine vorgängige Wirklichkeit originalgetreu abbildet. Vielmehr erschafft der Vorgang der »Wirklichkeitsbeobachtung« allererst diese Wirklichkeit auf der Basis der erkennenden Konstruktion von Beobachtungsdaten. Der Gegenstand der Beobachtung ist dann nicht die Wirklichkeit, sondern ein Konstrukt von Wirklichkeit, das mittels des jeweiligen Erkenntnisinstrumentariums eines Beobachters hergestellt wurde. Dieser Charakter der Beobachtung heißt in konstruktivistischen Theoriebildungen Selbstreferenz. Damit ist ausgedrückt, dass die Beobachtung niemals zu einer wie auch immer gearteten externen Wirklichkeit vordringt, dass sie stets Teil des Heimatsystems eines Beobachters bleibt. So agiert ein jeder Beobachter in einem geschlossenen Bezugsrahmen, ohne Möglichkeit, diesen in einem Beobachtungsvorgang zu verlassen. Der Beobachter kann aus dem konstitutiven Feld seiner Beobachtung nicht heraustreten, denn er kann nicht als Beobachter Teil eines Systems sein und sich gleichzeitig darauf referierend als Beobachter von außen beobachten.

Was heißt das für die Kommunikation? Es bedeutet, dass unser übliches Verständnis von Kommunikation unterlaufen wird und einer gewissermaßen invertierten Auffassung weicht. Die alltäglich gebräuchliche Vorstellung von Kommunikation stellt auf das Sender-Empfänger-Modell ab. Die Initiative für den kommunikativen Austausch liegt darin beim Sender. Er übermittelt eine Botschaft, die der Empfänger verstehen soll. Das kann ihm gelingen oder es entsteht ein Missverständnis – je nachdem in welchem Maße es dem Empfänger gelingt, die erhaltene Botschaft entsprechend der Intention des Senders zu decodieren.

In der konstruktivistischen Vorstellung Luhmanns ist das konstitutive Element der Kommunikation das Verstehen, gefasst als Unterscheidung von Information und Mitteilung. Wenn Person 1 und Person 2 miteinander kommunizieren, so spielt sich nach Auffassung Luhmanns Folgendes ab: Person 2 beobachtet ein Mitteilungshandeln von Person 1. Das heißt, dass Person 2 eine Mitteilung auffasst und ihr eine zugrunde liegende Information zurechnet. Damit wird eine punktuelle Unterscheidung von Information und Mitteilung etabliert – das Verstehen.

Verstehen ist also das Setzen einer Differenz von Information und Mitteilung. Dieses Zurechnen einer Information zu einer Mitteilungshandlung ist nicht wie im oben referierten Alltagsverständnis von Kommunikation dessen Abschluss. Es ist vielmehr überhaupt dessen Konstitution. Erst wenn ein Verstehen an eine Mitteilungshandlung anschließt, entsteht Kommunikation.

Das Verstehen macht eine Unterscheidung, und erst diese Unterscheidung konstruiert sowohl die Information als auch die Mitteilung. Wenn nun Kommunikation dadurch entsteht, dass im Verstehen eine Information von einer Mitteilung unterschieden wird, so kann dieses Verstehen selbst wiederum nur eine neue Mitteilungshandlung sein. Denn das Verstehen kann ja das System nicht verlassen, kann nicht als Verstehen von außerhalb auf sich selbst zurückblicken. Und als Teil des Systems kann es wiederum nur potenzielle neue Kommunikation sein. Dieses immer nur kommunikativ existente Verstehen ist dann als Mitteilung möglicher Kristallisationspunkt einer weiteren Information/Mitteilung-Differenz.

In Luhmanns Kommunikationsvorstellung ist also Person 2 der Konstituent der Kommunikation. Folgerichtig trägt er in Luhmanns eigenen Formulierungen die Bezeichnung »Ego«, Person 1 wird entsprechend »Alter« genannt.

Diese beiden Faktoren – die Konstruktion sowohl der Information als auch der Mitteilung erst mit dem Verstehen und die konstitutionelle Anbindung des Verstehens an die Systeminnenseite von Kommunikation – sind es, die den konstruktivistischen Charakter des luhmannschen Kommunikationsbegriffs markieren.

Autopoiese

Verstehen kann sich nur als erneute kommunikative Handlung ausweisen. Es ist damit möglicher Provokateur eines anschließenden Verstehens, durch das eine nächste Information/Mitteilung-Differenz etabliert wird, wiederum nur als Kristallisationspunkt weiterer kommunikativer Anschlüsse. Damit wird das Verstehen, das aus einer vorgängigen kommunikativen Offerte eine Information/Mitteilung-Differenz »herauskonstruiert«, als neue kommunikative Handlung selbst wiederum dekonstruiert in eine Information/Mitteilung-Differenz.

Das System der Kommunikation referiert auf sich selbst. Es stellt interne Anschlüsse her als Bedingung der Möglichkeit weiterer Anschlüsse. Luhmann nennt diese Eigenart eine selbstreferenzielle Geschlossenheit von Systemen. Dafür übernimmt er von Humberto Maturana und Francisco Varela den Begriff der Autopoiese.[8] Soziale Systeme sind demnach autopoietische, das heißt selbstreferenziell geschlossene Systeme. Damit ist gesagt, dass Kommunikation sich nur auf Kommunikation beziehen und nur durch Kommunikation reproduziert werden kann. Freilich bedeutet diese reproduktive Geschlossenheit sozialer Systeme nicht, dass sie umweltunabhängig sind. Das Gegenteil ist der Fall, wie sich für jede Kommunikation leicht zeigen lässt. Damit sich etwa in einem Gespräch Satz an Satz anschließt, sind komplexe begleitende Bewusstseins- wie körperlich-biologische Prozesse notwendig.

Wenn beispielsweise in der Abteilungsbesprechung in einem Unternehmen über die Umsetzung konkreter Planungen gesprochen wird, dann ist es unabdingbar, dass die Aussagen der Gesprächsteilnehmer verstanden werden, dass an sie mit weiteren Aussagen angeknüpft wird, dass die einen Argumente als wichtig markiert und weiterverfolgt, andere als unwesentlich ausgeschlossen werden. Dabei werden jedoch notwendigerweise die Gesprächsteilnehmer auch auf der Ebene ihrer Bewusstseine involviert. Sätze müssen als sinnhafte Formen erkannt werden, eigene Positionen werden überdacht und für die Platzierung im laufenden Gespräch zugerichtet, Zu- und Abneigungen zu Personen wie Themen werden mit dem laufenden Kommunikationsstrang in Verbindung gebracht und planerisch in Gedanken schon einmal in Worte gekleidet und vieles mehr. Zudem müssen die Gesprächsteilnehmer atmen, verständliche Laute artikulieren und ausreichend Nahrung aufgenommen haben. Alle diese komplexen Prozesse laufen permanent mit und sind für die Fortsetzung der Kommunikation unerlässlich. Sie sind aber noch nicht die Kommunikation selbst und sind damit aus der systemischen Binnenperspektive von Kommunikation deren Umwelt.

Ohne die korrespondierenden Umweltvorgänge würde jede Kommunikation kollabieren (wie mit bestimmten Umweltvorgängen übrigens auch). Jedes bewusstseinsinterne Verstehen eines gesprochenen Satzes, jedes Motiv eines Gesprächsteilnehmers, jedes psychisch empfundene Unwohlsein eines Anwesenden ist allerdings für die Fortsetzung der Kommunikation so lange irrelevant, wie es nicht in und mittels derselben zum Ausdruck kommt. Nur wenn das Verstehen eines Gesprächsbeitrages in das Gespräch wieder eingebracht wird, nur wenn die taktischen Überlegungen eines Beteiligten das Verschweigen bestimmter Sachverhalte nach sich ziehen und damit das Gespräch in eine bestimmte Richtung gelenkt wird, nur wenn der desolate körperliche Zustand eines Mitarbeiters zum Aussetzen seiner Gesprächsbeteiligung und zum aufgeregten Verhandeln über die Gesprächssituation führt – nur dann finden die jeweiligen Umweltprozesse eine spezifische Entsprechung in der Kommunikation und tragen auch erst in dieser systemeigenen Kontur zur Reproduktion von Kommunikation bei.

Diese Beschreibungen sollten deutlich gemacht haben, wie der Begriff der Autopoiese sozialer Systeme bei Luhmann zu verstehen ist. Er ist zudem nicht ausschließlich für kommunikationsbasierte Systeme reserviert. In der Umwelt sozialer Systeme finden sich weitere Systeme, die autopoietisch sind. Luhmann markiert auch Bewusstseinssysteme und biologische Systeme als autopoietisch.

Das gemeinsame Kennzeichen aller dieser autopoietischen Systeme ist die Geschlossenheit ihres Reproduktionsprozesses. Für soziale Systeme heißt das: Nur Kommunikationen reproduzieren Kommunikationen, außerhalb sozialer Systeme gibt es keine Kommunikationen. Die Umwelt kommunikativer Systeme ist zur Fortführung von Kommunikation unerlässlich, der Kommunikation selbst jedoch äußerlich. Autopoietische Systeme sind operativ geschlossen und dabei gleichzeitig umweltoffen. Nur wenn das System sich anhand seiner Operationen selbst definieren kann, gewinnt es eine

Auffassung von seiner Umwelt. Die jeweiligen Seiten der System/Umwelt-Differenz markieren sich ja nur in der Differenz. Ein System ist nur System durch seine Differenzmarkierung gegenüber der Umwelt.

Neben den autopoietischen Systemen kennt die luhmannsche Theorie einen weiteren Systemtypus: die allopoietischen Systeme (der Wortbestandteil »allo-« steht für »anders«, »fremd«). Im Gegensatz zu den operativ geschlossenen Systemen sind diese operativ offen. Das heißt, dass diese nicht nach der Maßgabe intern aufgebauter und fortentwickelter Bedingungen operieren (wie etwa kommunikationsbasierte Systeme), sondern dass sie ihr Verhältnis zur Umwelt nach einem strikten Input/Output-Schema regeln.

Ein solches lineares Schema findet sich etwa bei Computern. Hier regeln feststehende elektronische und rechenprogrammeigene Abläufe die Arbeitsprozesse der Maschine – auf bestimmte Inputs hin generiert ein Computer nach festen Rechenschemata und auf der Basis dezidierter elektronischer Verknüpfungen spezifische Outputs. Dabei sind die Ergebnisse nicht zwangsläufig vorhersehbar. Der Prozess ihrer Hervorbringung folgt jedoch einer festen Programmierung. Man könnte sagen, dass ein Computer sich nicht selbst überraschen kann. Zwar kann das Rechenergebnis für den Nutzer überraschend sein, doch mindestens der Programmierer könnte erklären, auf welchem elektronisch-digitalen Pfad genau es entstanden ist – oder das Gerät ist defekt. Alle wie auch immer variablen Treatments eines bestimmten Inputs sind hierbei nicht Resultat eines selbstreferenziellen Operierens, sondern schlicht eine Widerspiegelung feststehender Programmierung.

Dieses Schema kann besonders in der Kybernetik auf eine lang währende Betrachtung zurückblicken. Dort wird es häufig unter dem Begriff der Trivialmaschine diskutiert. Dieser Terminus reflektiert auf anschauliche Weise das linearkausale Abhängigkeitsverhältnis von Ursache und Wirkung in solchen Systemen.

Soziale Systeme funktionieren, wie alle autopoietischen Systeme, nicht nach der Logik von Trivialmaschinen. Dennoch können wir im Alltag häufig entsprechende Unterstellungen beobachten. Wenn beschäftigungspolitische Impulse für den Arbeitsmarkt gesetzt werden sollen, wenn ein Unternehmen eine Strategie für eine neue Produktsparte umsetzt, wenn verbindliche Themen für den schulischen Unterricht auf ihre biografische Relevanz überprüft werden oder wenn Eltern den für die Entwicklung ihres Kindes günstigsten Kindergarten einkreisen: in allen diesen Fällen können wir unterschiedlichsten »Lenkungsfiktionen« begegnen, die nach dem Input/Output-Schema von Trivialmaschinen gearbeitet sind – obwohl alle hier betroffenen sozialen Systembereiche (Politik, Wirtschaft, Erziehung, Familie) auf autopoietischen Systemzusammenhängen aufbauen. Solchermaßen sind sie nicht im Sinne einer linearkausalen Durchgriffsrationalität steuerbar.

Freilich kann zum Erhalt von Handlungsfähigkeit oder zur Ermutigung von kommunikativen Anschlussmöglichkeiten der Nutzung von Lenkungsfiktionen selbst eine gewisse Funktionalität innewohnen. Jedoch können die solchermaßen erzielbaren Gewinne für die politische Administration, das Unternehmen, die Schule, die Eltern allzu schnell aufgezehrt werden, wenn die Überraschung über eine misslingende Planung die weitere Handlungsfähigkeit blockiert.

Sinn als Medium und Form

Damit Kommunikation ereignishaft entstehen kann, ist ein Verstehen notwendig. Dieses besteht im Unterscheiden von Information und Mitteilung und ist selbst wiederum eine Offerte für die anschließende Kristallisation weiterer Verstehens. Die Bedingung der Möglichkeit solcher Prozesse ist dabei stets die Sinnhaftigkeit kommunikativer Handlungen. Nur dann kann einer sprachlichen Mitteilung eine Information zugeordnet werden, genauer: kann eine Lautfolge als Mitteilung identifiziert werden, die als genau solche Mitteilung einen möglichen Informationsraum schafft, wenn eben diese Lautfolge als sprachlich sinnhafte ausgedeutet werden kann.

Sinn ist in der luhmannschen Auffassung von Kommunikation deren universelle Ressource. Sinn ist das Medium von Kommunikation. In dieses allgemeine Medium ist Kommunikation notwendigerweise eingebettet und erzeugt darin dann jeweils bestimmte Sinnformen. Dann lässt sich sagen, dass jede Kommunikation punktuelle Formen etabliert im allgemeinen Medium Sinn.

An dieser Stelle taucht ein kompliziertes Begriffspaar der luhmannschen Theorie auf: das Dual von Medium und Form. Die Implikationen dieser Begriffe sollen daher knapp beleuchtet werden, soweit sie für die Absichten dieses Textes notwendig sind.

Luhmann übernimmt die Unterscheidung von Form und Medium aus Überlegungen des Österreichers Fritz Heider. Dieser versuchte in den 1920er-Jahren für eine Beschreibung menschlicher Wahrnehmung den Medienbegriff in Anschlag zu bringen. In seinem mittlerweile berühmten Aufsatz »Ding und Medium« stellt Heider heraus, dass alle Wahrnehmung von Dingen einer Vermittlungsleistung durch Medien zu verdanken ist: Ich sehe oder höre etwas nur vermittels von Licht- und Schallwellen. Nur in der Kopplung an ein dazwischengeschaltetes Medium ist es der Wahrnehmung möglich, Dinge in einer spezifischen Form (Größe, Farbe, Kontur, Bewegung etc.) zu betrachten. Heiders Unterscheidung von Medium und Form ist in der Folge für die Medientheorie bedeutsam geworden. Seine Wiederentdeckung in den 1990er-Jahren verdankt sich jedoch dem prominenten Stellenwert der Medium/Form-Unterscheidung in der luhmannschen Theorie.

Sinn ist also ein solches Medium. Ein Medium hat für sich selbst keine Form. Es ist vielmehr ein offener Verweisungszusammenhang. Es ist ein unermesslicher Pool an Möglichkeiten, jeweilige Formen zu generieren. Formen sind Manifestationen in einem Medium. Sie sind Aggregationen von Bestandteilen, die für kurze Momente aktualisiert werden.

Die Medium/Form-Differenz lässt sich je nach Betrachterperspektive unterschiedlich zurechnen. Wenn ein Satz gesprochen wird, könnte man die einzelnen Laute in diesem Satz als jeweilige Formen im Medium möglicher akustischer Klänge beschreiben. Gleichzeitig lassen sich den Lauten auch Sinnformen im allgemeinen Medium sinnhafter Geräusche zuordnen (dann kann beispielsweise ein Laut mit dem Buchstaben »A« kombiniert werden und unterscheidet sich etwa vom Knarren einer Tür). Lautierte Buchstabenfolgen lassen sich zu Worten (Formen) aggregieren, welche jeweils Sinn machen vor dem Hintergrund potenzieller Worte (Medium). Und die sinnhaften Wortfolgen bilden möglicherweise ebenso sinnhafte Satzformen, die zu einer in diesem Moment des Hörens aktualisierten Kontur finden und einen Sinn bekommen vor dem überschäumenden Reservoir denkbarer, aber gerade nicht gesprochener Sätze.

Dergestalt lassen sich Formbildungen als jeweils feste Kopplungen von elementaren Partikeln auf unterschiedlichen Ebenen beschreiben. Stets eignet den Formbildungen die Kontur des Flüchtigen bei momentaner Verbindlichkeit der Formbildung selbst. Das Medium ist der im Hintergrund mitlaufende Möglichkeitsraum, dessen sich die Formbildung bedient. Er ist in den Formen gleichermaßen anwesend wie abwesend. Als Medium hat er zwar keine eigene Form (abwesend). Die konkret identifizierte Form, etwa ein einzelnes Wort, gewinnt jedoch nur dann eine Bedeutung, wenn der Möglichkeitsraum von Worten in seiner Gesamtheit stets virtuell präsent ist und mitläuft (anwesend).

Das umspannende Medium aller oben angeführten Sprachbeispiele ist Sinn. In diesem Medium werden alle sozial beobachtbaren Formen erzeugt. Und das Medium Sinn hat in

Luhmanns Theorie zudem einen besonderen Stellenwert. Denn es ist ebenfalls das basale Medium aller Formbildungen im psychischen Erleben innerhalb eines psychischen Systems. Sinn ist also bei aller geltenden System/Umwelt-Differenz eine gemeinsame Ressource von sozialen und psychischen Systemen.

Verstehen im Nachhinein

Nun gewinnt das komplexe Phänomen der Kommunikation bei Luhmann etwas mehr Kontur. »Kommunikation« meint zunächst das Setzen einer Differenz zwischen Information und Mitteilung. Diese kann wiederum überhaupt nur dann in der sozialen Welt zur Existenz kommen, wenn sie als neue Mitteilungshandlung zur Disposition gestellt wird, an die dann ihrerseits eine weitere Information/Mitteilung-Differenz anschließen kann. Kommunikation umfasst also genauer gesagt die Dreiheit von Information, Mitteilung und Verstehen.

Diese drei Bestandteile fußen auf dem Medium Sinn, das als universelle Ressource einen schier grenzenlosen Kosmos möglicher Formbildungen bereitstellt. Dann werden aus dem medialen Möglichkeitsraum durch Kommunikation bestimmte Formbildungen angesteuert und auf ihre Anschlussfähigkeit hin überprüft.

Das Auseinanderziehen von Information und Mitteilung im Verstehen ist somit ein Konstitutionsprozess auf drei Ebenen: der Aufbau einer Differenz (Verstehen) mit ihren beiden Seiten (Information und Mitteilung). Die jeweiligen Bestandteile dieses dreigliedrigen Formbildungsprozesses von Information, Mitteilung und Verstehen sind ihrerseits für sich wiederum Differenzen, weil sie als bestimmte Formen im Medium Sinn nur vor dem mitlaufenden Horizont möglicher anderer Formen bedeutungsvoll werden. Denn immer müsste es heißen: Diese und nicht eine mögliche andere

Information wird von dieser und nicht einer möglichen anderen Mitteilung solchermaßen und nicht in anderer möglicher Weise unterschieden. Genau dieser Verstehensakt wählt diese bestimmte Mitteilung und ordnet ihr eben diese Information zu. Das Medium Sinn hält stets einen erheblichen Überschuss an Formbildungsmöglichkeiten bereit. Kommunikation ereignet sich mithin als Synthese dreier Selektionen (Information/Mitteilung/Verstehen) im allgemeinen Medium Sinn.

Dies soll an einem konkreten Beispiel deutlicher werden. In der Diskussion über die Beantragung von Fördergeldern für ein Forschungsvorhaben unterhalten sich mehrere Personen intensiv über den wissenschaftlichen Ansatz, den das universitäre Projekt haben soll. Nach längeren Ausführungen sagt Person A: »Ich habe wenig Lust, das in dieser Runde darzulegen.« Person B entgegnet: »Dann lass es bleiben.«

Als Beobachter einer solchen Kommunikation könnten wir zunächst auf die Idee kommen, dass es sich hier um eine nicht ganz unbelastete Gesprächssituation handelt. Die Reaktion von Person B klingt patzig und scheint auf eine kommunikative Vorgeschichte hinzudeuten. Wir sehen an dieser Stelle sehr deutlich, in welch besonderer Weise die beteiligten psychischen Systeme in die Kommunikation involviert sind. Die Reaktion von B könnte auf Erinnerungen an vorige Gespräche verweisen und vielleicht auch auf damals empfundenen Ärger. Eine solche Vorgeschichte kann fortan maßgeblich für weitere Gespräche sein. Person B hört nun sehr schnell auf bestimmte Gesprächsanteile. Person B ist also bereit, gewisse Mitteilungen mit spezifischen Informationen zu verknüpfen und sie vermuteten Intentionen anderer Personen zuzuordnen.

Genauer können wir sagen, dass Person B überhaupt erst bestimmte Mitteilungen konstituiert, denen erwartete Informationen zugeordnet werden können. Denn Person B hätte auch ganz anders reagieren können: »Ich würde mich dennoch freuen, die Argumente zu hören«, »Wir sollten das tatsächlich ein andermal besprechen« oder »Unser Thema erinnert mich an einen Film, den ich neulich gesehen habe«; alternativ hätte B auch den Satz von Person A einfach ignorieren können, da ihm keine verwertbare Information zugeschrieben werden kann.

Jede dieser differenten Antworten würde dem Gespräch eine andere Wendung geben. Dies macht die bestimmende Rolle von Ego (in unserem Beispiel Person B) deutlich. Sein Verstehen ist kommunikativ richtungsweisend, wenn es als weitere Mitteilung in das Gespräch eingespeist und an ebendiese dann wiederum angeschlossen wird.

So könnte etwa die Reaktion von B ein hitziges Wortgefecht mit Person A auslösen, oder eine der anderen beteiligten Personen springt Person A argumentativ bei, oder erst diese Reaktion von B erzeugt eine so peinliche Atmosphäre, dass jemand schnell das Gespräch in eine ganz andere Richtung lenkt.

Deutlich wird, dass dem Verstehen in der Kommunikation ein Verstehen in den beteiligten psychischen Systemen korrespondiert. Person B erinnert sich vielleicht an aufreibende frühere Gespräche, die nunmehr eine Art Abwehrhaltung hervorrufen. Und auch die anderen Gesprächsteilnehmer könnten solche Erinnerungen haben. Dann wäre es möglich, dass einer von ihnen auf Bs Antwort hin sehr schnell das Thema wechselt. Aber Person B könnte ihr psychisches Verstehen auch als Motivator dafür nehmen, auf den von A geäußerten Satz gerade nicht zu antworten. So würde dieser Mitteilung eine vielleicht besonders alarmierende Information zugeordnet. Diese spezielle Information/Mitteilung-Differenz, dieses Verstehen also ist zunächst ein Bestandteil des psychischen Systems von Person B. Diese könnte, gerade wegen der bestimmten Information, an ebendieser Stelle im Gespräch schweigen. Und möglicherweise würde Person A dieses Schweigen gerade als solches für eine besondere Provokation halten – und die Unterredung bekäme vielleicht eine dramatische Wendung.

Aus der Perspektive eines Kommunikationssystems gilt also, dass eine Mitteilung so lange irrelevant ist, wie ihr nicht eine Information zugeordnet und diese Zuordnung (Verstehen) als weitere Mitteilung in die Kommunikation eingespeist wird, an die dann wiederum verstehend angeschlossen werden kann. Erkenntnistheoretisch ließe sich sogar noch bestimmter formulieren: Die Mitteilung existiert für das soziale System nicht, solange keine Zuordnung einer Information kommuniziert wird. Dergestalt ist Kommunikation also ein Vorgang der Mitteilungskonstruktion im Nachhinein. Es gibt demnach, andersherum formuliert, keine kommunikative Handlung als bloße Mitteilung, ohne dass ihr eine Information zugeordnet werden könnte.

Dann könnte etwa ein Beobachter des beschriebenen Gesprächs sagen, dass das sprachliche Hin und Her eine Kette von Mitteilungen der Zuordnung von Informationen zu Mitteilungen ist. Für die Kontur dieser Reihung von Mitteilungen, für die Form, die sie annimmt, sind nur die Mitteilungen bedeutsam, an die kommunikativ angeschlossen wird. Die Kommunikation selbst erscheint dann als eine Aneinanderreihung von Selektionen: Jede auftretende Mitteilung ist die so gewählte, aber auch anders mögliche Zuordnung einer Information zu einer vorgängigen Mitteilung. Für den Beobachter sind zu jedem Zeitpunkt vielfältige Möglichkeiten des weiteren Gesprächsverlaufs gegeben. Das Gespräch selbst ist seinen Möglichkeiten gegenüber sozusagen stumpf. Es ereignet sich oder nicht. Es wählt in seinem Verlauf beständig aus einem Möglichkeitsraum jeweils eine Variante aus, die dann ihrerseits einen neuen Möglichkeitsraum aufschlägt. Zu jedem bestimmten Zeitpunkt scannt, beobachtet die Kommunikation die gegebenen Anschlussoptionen, die sich stets wieder in neuer Konstellation darstellen. Von Relevanz ist dabei nur die jeweils aktuelle Konstellation, die im Augenblick des Anschlusses ihre Aktualität wieder einbüßt und im Zeitstrom zerfällt.

Nur einem Beobachter des obigen Gesprächs etwa können

dann Mitteilungen auffallen, an die nicht kommunikativ angeschlossen wird. Er hätte vielleicht bemerkt, dass Person A bereits mehrfach im Laufe der Unterredung versucht hat, bestimmte Argumente geltend zu machen, dass ebenso oft diese Überlegungen von den anderen Teilnehmern ignoriert wurden, dass Person A ihren Unmut darüber mit deutlichen Hinweisen offenbart hat, dass es wegen der Unaufmerksamkeit der übrigen Teilnehmer zu einer unnötig gespannten Gesprächssituation gekommen ist.

Luhmann würde einen solchen Beobachter einen Beobachter zweiter Ordnung nennen, einen Beobachter von Beobachtungen. Denn dieser ist ein Beobachter der im Gespräch erfolgten Auswahl von Anschlussmöglichkeiten, die sich der Mitteilungsbeobachtung der Kommunikation gezeigt haben. Dieser externe Beobachter nun könnte das Gespräch aufgezeichnet haben und den Teilnehmern diesen Mitschnitt im Nachhinein vorführen – in der Hoffnung, eine Einsicht in die etwas unsensible Gesprächsführung zu bewirken. Doch das ginge nur im Nachhinein. Der vordem externe Beobachter würde nun zum Teil des kommunikativen Systems. Und nur ein neuer externer Beobachter könnte vielleicht sehen, dass die Gesprächsrunde bestimmte seiner Argumente nun überhört und nicht aufgreift. Dieser Beobachter könnte sogar einer der Gesprächsteilnehmer selbst sein, dem die eigenen Versäumnisse längst aufgefallen sind, dem es aber gegenüber Person B an Mut fehlt, die Versäumnisse einzugestehen. So bliebe seine Kennzeichnung von Gesprächsmitteilungen ohne Anschluss ein Bestandteil seines psychischen Systems, sie wäre damit Umwelt für das soziale System des Gesprächs. Bei alledem würde sich die Aufzeichnung des ursprünglichen Gesprächs in keiner Weise verändern.

Wie oben schon beschrieben, kann es (hinsichtlich der ersten Ebene kommunikativer Beobachtung) keine Mitteilung ohne die Zuordnung einer Information geben. Dies ist auch im Medium der Kommunikation begründet: Sinn.

Sinn ist das basale Medium sowohl sozialer als auch psychischer Systeme. Eine Facette seines grundlegenden Stellenwerts für diese Systemarten ist seine eigene Selbstreferenzialität. Denn Sinn existiert dort gewissermaßen differenzlos. Sinn findet sein Gegenüber ja nicht im Nicht-Sinn. Jeder Versuch eines sozialen (Kommunikation) wie psychischen (Bewusstsein) Systems, Nicht-Sinn (oder Un-Sinn) zu beschreiben, kann wiederum nur mit »Bordmitteln« unternommen werden. Systeme beiden Typs können sich nicht von außen beschreiben, ohne dass diese Beschreibung das System hinter sich lassen würde, sodass sie nicht mehr gehört werden könnte. Aus diesem Grunde ließe sich auch keine Mitteilung denken, der im Vorgang des Anschlusses nicht wenigstens eine wie auch immer rudimentäre Information zugesprochen würde.

Sinndimensionen

Sinn fungiert wie eine Ressource für Kommunikation. Wir haben gesehen, dass Sinn innerhalb sozialer Systeme kein Gegenüber (Un-Sinn) finden kann. Jede Kommunikation, die versuchen wollte, Nicht-Sinn zu beschreiben, kann das nur unter den eigenen Bedingungen sinnhafter Differenzfiguren von Information und Mitteilung. Dadurch könnte das Medium Sinn wie ein quasi monolithischer Block ohne Binnenstrukturen erscheinen. Das Gegenteil ist aber der Fall.
Luhmann markiert für Sinn drei unterschiedliche Dimensionen und stellt dazu in einer seiner Vorlesungen lapidar fest: »Ohne irgendeine vernünftige Begründung habe ich einmal angefangen – und bis heute habe ich dafür noch keine vernünftige Begründung –, zwischen sachlichen, zeitlichen und sozialen Sinndimensionen zu unterscheiden.« (EidS, 238f.) Was wie ein Fundstück theoretischer Willkür erscheint, ist freilich ein gut bewährtes Beschreibungsschema. Das obige Zitat beleuchtet dabei ein charakteristisches Moment luh-

mannscher Forschungshaltung. Diese betont in einer ungewohnten Manier die Verwendung von Theoriebestandteilen als eine Art Toolset, das der Belastungserfahrung kontinuierlicher Erprobung standhalten muss. Begriffe und Modellvorstellungen müssen hinreichend komplex gearbeitet sein, um den Erklärungserfordernissen zu genügen, und weichen im Vergleichsfall der besseren Alternative. Dementsprechend führt Luhmann mit Blick auf die drei Sinndimensionen weiter aus: »Wenn nach einer Begründung gefragt wird, tendiere ich dazu, dazu aufzufordern, einmal eine weitere Dimension vorzuschlagen. Dann überlege ich mir, ob das funktioniert oder nicht funktioniert. [...] Vielleicht finden Sie ja auch entweder andere Kategorien oder zusätzliche Dimensionen.« (EidS, 239)

Kommunikation bedient sich des Mediums Sinn, um Informationen zu generieren. Dabei entstehen Luhmann zufolge informative Partikel auf drei verschiedenen Sinnebenen: einer Sachdimension, einer Sozialdimension und einer Zeitdimension.

Die Sachdimension von Sinn enthält den Gegenstand, das Thema der Kommunikation. Dann referiert der Satz »Ich liebe diese Musik« auf den Gegenstand einer psychischen Befindlichkeit. Es könnte aber auch um den Auftakt zu einem ästhetischen Urteil gehen. Gleichermaßen ließe sich die Aussage als Beleg für das Geschmacksurteil einer bestimmten Person lesen. Wie auch immer die Auffassung dieses Satzes sein könnte, stets würde sich ein Verstehen auf einen Sachaspekt der Aussage beziehen. Dabei wählt das Verstehen einen thematischen Gegenstand aus dem unermesslichen Pool sinnhafter Möglichkeiten aus und hält dieses Sinnreservoir dann im Hintergrund bereit, um sich bei interpretativer Notwendigkeit im Fortgang der Kommunikation daran rückbinden zu können.

Gleichzeitig läuft als weitere Sinndimension die soziale Ebene in der Kommunikation mit. Hier geht es um den wechselseitigen Bezug der an der Kommunikation beteiligten

Personen. Ego und Alter beziehen sich ja in der Kommunikation aufeinander. So entsteht ein Horizont für Gegenseitigkeit. Ego hört den Satz »Ich liebe diese Musik« und rechnet ihn einer Intention von Alter zu. Dann nimmt Ego an, dass Alter mit dieser Aussage etwas bewirken möchte: möglicherweise die Demonstration einer Auffassung im Unterschied zu anderen oder vielleicht die Äußerung eines Glücksmoments bei einem gemeinsamen Erlebnis.

Ego wird die Aussage also auf bestimmte Perspektiven seitens Alters beziehen. Und er wird annehmen, dass auch Alter dies weiß. Dann könnte Ego aus dem Satz vielleicht schließen, dass Alter eine vermutete Gemeinsamkeit mit Ego ausdrücken und dafür Anerkennung oder Wertschätzung erhalten möchte. Ego weiß also, dass Alter weiß, dass Ego bestimmte Auffassungen haben könnte. Und gleichermaßen weiß Alter, dass Ego weiß, dass Alter bestimmte Auffassungen zur Anerkennung bringen möchte. Und beide wissen, dass der jeweils andere nicht im erhofften Sinne reagieren muss. Alter könnte dann eine ausbleibende Antwort von Ego als Einverständnis mit seinen Vorannahmen deuten. Er könnte aber auch annehmen, dass Ego in der Äußerung eine allzu anbiedernde Vorgehensweise sieht, und versuchen, weitere Hinweise für die Auffassung Egos zu finden, ohne sich zu weit auf das Terrain ungesicherter Vorannahmen zu begeben. Nun würde es Alter offenstehen, entsprechende Deutungsangebote in die Kommunikation einzuspeisen, und er könnte sich darum bemühen, in Egos Äußerungen nicht nur das richtige Verständnis der Äußerungen Alters zu ermitteln, sondern ebenso Hinweise auf die Übereinstimmung solcher Auffassungen. Das könnte sich als schwierig erweisen, wenn Ego die wortreichen Ergänzungen Alters als Plapperei auffasst und in der Hoffnung schweigt, dass Alter genügend Wissen über Etikette besitze, ebendieses Schweigen als beredte Aufforderung zur Beendigung solcher Kommunikation zu erkennen.

Diesen gegenseitigen Bezug aufeinander bei mehrfach offenen Voraussetzungen (Ego weiß, dass Alter weiß, dass Ego weiß – und dies sowohl bei Ego als auch bei Alter) nennt Luhmann doppelte Kontingenz. »Kontingenz« bedeutet, dass etwas möglich, aber nicht zwingend ist. Die doppelte Kontingenz liegt darin, dass beide Kommunikationspartner nicht wissen, wie sich der jeweils andere tatsächlich verhalten wird. So ist also doppelte Kontingenz ein konstitutives Grundmoment in der Sozialdimension sinnhafter Kommunikation. Besonders gedeihliche Bedingungen für Formen fein ausdifferenzierter doppelter Kontingenz finden sich in der diplomatischen Kommunikation auf höchster politischer Ebene oder auch (ganz anders und doch ähnlich) in der ganz privaten Kommunikation des Flirtens.

Schließlich existiert im Medium Sinn die Dimension der Zeit. Kommunikation vollzieht sich in kontinuierlicher Gegenwart. Jedes kommunikative Ereignis etabliert einen Moment der Aktualität, der sozusagen keine Ausdehnung hat, denn er zerfällt sofort und wird vom nächsten Moment abgelöst. Diese permanente Gegenwart lässt sich jedoch nur in Abgrenzung von einer Vergangenheit und einer Zukunft fassen. Das Umschlagen von Zukunft in Vergangenheit markiert die punktuelle Gegenwart. Und dieses Umschlagen geschieht permanent. Gegenwart enthält damit sowohl den Aspekt der Punktualität als auch der Permanenz; insofern kann man von zwei Gegenwarten sprechen. Wir sehen hier eine der unzähligen Paradoxien, die in den luhmannschen Begriffsbildungen auftauchen. Man könnte sagen, dass Paradoxien eine bevorzugte Aufnahme in die luhmannsche Theorie erfahren. Nachfolgend sei kurz der Hintergrund für die vorliegende Paradoxie der zwei Gegenwarten ausgeleuchtet.

Das sowohl stetige als auch momenthafte Zeitnaturell von Gegenwart verweist in seiner Paradoxie auf die theoretische Figur des Beobachters, der anhand von Unterscheidungen Informationen generiert. Denn ob ich Gegenwart als die Zeitstelle beschreibe, an der Zukunft und Vergangenheit aufeinanderstoßen, oder ob ich Beständigkeit oder Kontinuität (auch von Veränderung) fokussiere, ist letztlich eine Frage des Beobachterstandpunkts. Es ist also stets die Beobachterkoordinate, die über die Beschaffenheit des referierten Phänomens Aufschluss gibt. Der Beobachter ist es, der die Differenzen setzt, die ihm als Anhaltspunkte dienen. Dann ist die Unterscheidung von Zukunft und Vergangenheit eine, die sich in jedem Augenblick neu formiert. Demgegenüber besitzt ein Abstellen auf die Differenz von Beständigkeit und Veränderung zwar ebenfalls eine Zeitdimension, es richtet sich jedoch stärker auf Abfolgeketten von Gegenwartsereignissen. Die Figur des Beobachters und die Grundlegung jeder Beobachtung im Schema der Differenz erzeugen die angedeutete Affinität für begriffliche Paradoxien in Luhmanns Theoriekonstruktion.

Die Zeitdimension ist also die dritte ordnende Sinndimension. Dann ließe sich der Satz »Ich liebe diese Musik« vor dem Hintergrund früherer, vielleicht ganz anderer Aussagen seitens Alters sehen und würde Irritation erzeugen. Oder Ego könnte seinen Stolz kundtun darüber, wie erfolgreich sich ein zwischenzeitlicher musikalischer Unterricht ausgewirkt hat. Möglicherweise würde aber Ego auch Peinlichkeit empfinden und nun gerade seine Hoffnung in einen solchen Unterricht setzen. Vielleicht sogar würde Ego schnell in den weiteren Verlauf des Gesprächs einzugreifen versuchen, da langatmige Ausführungen von Alter zu den Feinheiten seiner Befindlichkeit zu befürchten sind.

Alle diese drei Dimensionen, in denen selektive Formbildungen im Medium Sinn erfolgen können, liegen parallel an, sind also an jedem Konstitutionsprozess von sinnhafter Kommunikation beteiligt. Ego kann in seinem Verstehen einzelne der drei Dimensionen betonen, der Selektionshorizont seiner Formbildungen hält jedoch stets alle drei Dimensionen vor.

Auf Alters Bemerkung »Ich liebe diese Musik« hin mag es Reaktionen der Gesprächsteilnehmer geben. Sie können in unterschiedlicher Dichte alle drei Sinndimensionen besetzen. Doch einerlei, ob die anderen Gesprächspartner sich mehr auf Alters ästhetisches Werturteil, die Selbstdarstellung seiner Person vor den anderen oder die Veränderung im Geschmacksempfinden gegenüber vormaligen Gesprächen beziehen, sie werden mit dem Gesprächsverlauf allmählich so etwas wie einen Rahmen, einen Kristallisationspunkt für die weiteren Redebeiträge aufspannen. Auf einzelne Aussagen werden andere reagieren und irgendwie an sie anknüpfen. Die Kommunikation findet statt, und damit schafft sie eine stets weiter ausgedeutete Realität, an die die nächsten Beiträge andocken müssen.

Stück für Stück etablieren sich Themen, werden Gesprächsperspektiven ermöglicht, entstehen Tabuzonen, schälen sich motivische Gegensätzlichkeiten heraus, wird ein Tempo angeschlagen. Die stattfindende Kommunikation entwickelt sozusagen einen eigenen Möglichkeitsraum. In manchen Gesprächsrunden kann das sehr schnell gehen. Andere wiederum gestalten sich äußerst umständlich oder erzeugen permanent Sackgassen und angestrengte Tonlagen. Das Gespräch entwickelt sukzessive die Möglichkeiten und Kriterien für seine weitere Fortexistenz. Es erhält einen Verlauf, auf den es sich rückbeziehen kann. Es definiert einen Horizont für Thematisierbarkeiten. Außerdem verteilt es Rollen an die Gesprächsteilnehmer. All dies schafft Orientierungen für weitere Gesprächsbeiträge. Das Gespräch wird zu *diesem* Gespräch, mit seiner eigenen Charakteristik. Jeder weitere Beitrag ist dann eine Ergänzung des Gesprächs unter den Bedingungen desselben.

Für den Beobachter einer solchen Runde vollzieht sich das Gespräch in stets neuen Beiträgen, die unter der Maßgabe eines beständigen Rückbesinnens auf den bisherigen Gesprächsverlauf an diesen anknüpfen und ihn so fortschreiben. Die ablaufende Kommunikation entwickelt eine Selbstreferenz. Sie deutet mit jedem neuen Beitrag aus, was gesagt, in welcher Weise es gesagt oder zu wem es gesagt werden kann. Und das Gespräch kann dabei auch thematisieren, was es über die eigene Umwelt (etwa über die psychischen Konstitutionen der Gesprächsteilnehmer) weiß oder vermutet. Dies kann in krasser Offenheit oder in taktvollen, aber möglicherweise ebenso deutlichen Anspielungen geschehen. Ein solches Thematisieren der Umwelt des Gesprächs erfolgt in jedem Fall immer nur unter den Bedingungen und mit den Mitteln des Gesprächs. Es markiert seine Fremdreferenz, es ist seine Bezugnahme auf die eigene Umwelt. Deutlich wird mithin, dass die Fremdreferenz auf die Umwelt des Gesprächs immer nur aus dem eigenen Horizont, dem Horizont seiner Selbstreferenz geschehen kann.

Jede Kommunikation entwickelt die Konturen ihrer Selbst- wie ihrer Fremdreferenz nur aus sich selbst, in ihrem eigenen selbstreferenziellen Einzugsbereich. Das Verständnis ihrer selbst und ihrer Umwelt bleibt im Inneren des Systems verhaftet und überschreitet niemals die eigene Systemgrenze. Das gilt für das kommunikative System des stattfindenden Gesprächs genauso wie etwa für die psychischen Systeme der Gesprächsteilnehmer. Dann kann jeder in der Runde merken, dass dieses Gespräch eintönig verläuft oder viel engere Rahmen für einzelne Themen setzt als andere Runden oder die Personen besonders offenherzig auf thematische Zumutungen Einzelner antworten. In welcher Form aber diese Gedanken in die Runde selbst eingespeist werden können oder müssen, entscheidet sich nur mit dem Gespräch.

Aus der Warte eines Beobachters reguliert sich im Gespräch, was kommunikativ möglich ist. Dabei kann offensichtlich werden, dass der kommunikative Verlauf die eigenen Möglichkeiten auslotet (es gibt vielleicht Anspielungen, die gern aufgegriffen werden) oder sich gar selbst überrascht (jemand streut eine Nebenbemerkung ein, an die andere anknüpfen, womit sie das Gespräch in eine andere Richtung lenken). Dabei bleibt die Gedankenwelt der Teilnehmer dem Gespräch stets äußerlich, unzugänglich. Es sei denn, jemand macht seinen Gedanken Luft. Und auch dann können alle wieder nur mit Worten spekulieren, was das denn für den gemeinsamen Austausch bedeutet – oder darüber schweigen.

In ihrem Verlauf spannt die Gesprächsrunde ihren eigenen kommunikativen Möglichkeitshorizont auf. Doch dieser existiert nur für die Dauer des Beisammenseins. Mit dessen Ende vergeht auch dieser etablierte Zusammenhang. Die Kommunikation zerfällt und Vergessen setzt ein. Viele Kommunikationskontexte begnügen sich damit. Doch die Gesprächsrunde könnte übereinkommen, das Realisierte und Erreichte festzuhalten, um bei nächster Gelegenheit daran anknüpfen zu können und nicht wieder von vorn beginnen zu müssen. Die Runde müsste also zu Formen der Konservierung greifen, ein Gedächtnis der stattgefundenen Kommunikation ausbilden. Damit peilt sie Strukturen an, die bestimmte Inhalte markieren, und bedient sich bestimmter Mittel, die notwendig sind, um eine Kommunikation auf Dauer zu ermöglichen. Sie sinnt auf kommunikative Stabilität. Wie eine solche generiert werden kann, welcher Bedingungen sie bedarf und welche Notwendigkeiten sie hervorbringt, soll im nun folgenden Kapitel ausführlicher thematisiert werden.

Das Problem der Stabilität

Wie bereits eingehend erläutert, bestehen soziale Systeme aus Kommunikationen. Wenn auch Kommunikationen extrem flüchtige Elemente sind, so entstehen aus ihrer Aneinanderreihung doch Gebilde, die im Gegensatz zum einzelnen kommunikativen Vorgang von mehr oder weniger großer Langlebigkeit sind. Offenbar können sich auf der Basis von Kommunikationen vielfältige Mechanismen herausbilden, die die Verlängerung und Anreicherung kommunikativer Prozesse ermöglichen. Solche Mechanismen nennt Luhmann Strukturen und stellt sie den Prozessen gegenüber. Von dieser Differenz und ihren Implikationen soll der folgende Abschnitt handeln.

Kommunikation auf Dauer

Gesellschaften existieren. Wir wissen auch, dass sie das schon seit geraumer Zeit tun. Wenn sie sich dabei auch mitunter drastisch verändert haben (und manche sind sogar untergegangen), so bestanden sie doch zu jedem Zeitpunkt als Gesellschaften. Es muss also Mechanismen geben, die dafür sorgen, dass sich die Menge an täglicher Kommunikation reproduziert.

Soziale Systeme bestehen aus Kommunikationen. Die Kommunikationen sind die Operationen der sozialen Systeme. Diese Operationen bestehen in ihrer ganz eigenen Aktualität, denn mit ihrem Aufkommen vergehen sie sofort wieder. Sie sind nur momenthafte Ereignisse. Dauer kann nur entstehen, wenn solche kleinsten temporären Einheiten massenhaft verkettet werden. Dazu muss eine solche Einheit an eine frühere anschließen. Wenn dies in großer Zahl und vielfach nebeneinander geschieht, können stabile sinnhafte Zusammenhänge entstehen. Wir haben gesehen, dass das Medium Sinn die dazu für Kommunikation grundlegende Ressource ist. Sinn ist der Möglichkeitsraum in allen drei Dimensionen der Kommunikation. Er schafft die Grundlage, dass Kommunikation reichlich Andockpunkte und assoziative Verbindungen generiert. An ihnen entlang kondensieren im Medium stets neue Formen, ohne dass sich das Medium jemals erschöpft. Doch mit den unendlichen Möglichkeiten des Mediums Sinn entsteht ein neues Problem. Kommunikation braucht zu ihrer Fortführung nicht nur ausreichend Raum für sinnhafte Anschlüsse. Diese müssen gleichermaßen »gebändigt« werden, soll die Kommunikation nicht chaotisch aus dem Ruder laufen.

Sicherlich kennt jeder von uns solche Erlebnisse aus dem eigenen Alltag: das Gefühl, das entsteht, wenn Kommunikation beliebig wird, wenn unklar ist, wo und wie angeschlossen werden soll, wenn nach den Absichten der Gesprächsteilnehmer getastet werden muss, wenn erhebliche Sinnoffenheit herrscht. Dies kann außerordentlich befreiend und gewinnbringend sein, etwa in expliziten Brainstorming-Situationen oder in vielfältigen anderen kreativen Prozessen. Es kann aber genauso auch erhebliche Belastungen für die Kommunikationen und die beteiligten psychischen Umwelten erzeugen – davon sind im Extremfall die Fallgeschichten familiärer Erziehungsberatung oder Anamnesen etlicher psychischer Erkrankungen beredte Zeugen. In jedem Fall bemerken wir, dass solche offenen Situationen nur schwerlich generalisierbar sind, wenn auf ganzer Breite dauerhaft stabile Kommunikationsverhältnisse erforderlich werden. Kommunikationen müssen Strukturen schaffen und sich gleichermaßen an solchen geschaffenen Strukturen orientieren. Erst dadurch entsteht die Bedingung der Möglichkeit von Stabilität im Kommunikationsgeschehen. Sie schafft die Grundlage für die Dauerhaftigkeit sozialer Systeme.

Um Beständigkeit von Kommunikation zu erzeugen, braucht Kommunikation selbst Orientierung. Jegliche Orientierung verweist grundsätzlich auf eine Differenz: Hier soll angeschlossen werden, nicht dort; dieses ist vorher schon einmal gesagt worden und jenes nicht; dieses kann rasch verstanden werden, jenes wird Mühe bereiten. Dabei sind beide Seiten dieser Differenzen für sich Formen im Medium Sinn. Aber in einem sozialen System wird an bestimmten Stellen eine Präferenz für eine der beiden Seiten mitgeführt. Dann bilden sich Erwartungen. Luhmann zufolge repräsentieren solche Erwartungen die Strukturen sozialer Systeme. An Erwartungen müssen sich die auftauchenden Kommunikationen orientieren. Anhand von Erwartungen wird (abermals nur über Kommunikation) darüber entschieden, welche Kommunikationen mit den bestehenden Erwartungen kompatibel sind.

Ist also der Anschlussbereich für Operationen eines Systems vom Medium Sinn her zwar nahezu unendlich groß, so begrenzen die Strukturen der Systeme diesen Anschlussbereich. Dadurch lässt sich die erwartbare sinnhafte Breite kommunikativer Offerten einengen. Das System versetzt sich so in die Lage, angesichts der Menge der selbst produzierten Kommunikationen Selektionen einzuführen. Dies stärkt die Verarbeitungsfähigkeit eines Systems. Erneut mag ein einfaches Beispiel das verdeutlichen.

Ich habe einige Personen eingeladen. Die Gesprächsrunde kann nun sehr unterschiedlich verlaufen. Es kann passieren (und wer kennt das nicht), dass die Gespräche sehr einsilbig verlaufen. Der Fortgang der Kommunikation gestaltet sich schwierig. Vielleicht kennen sich die eingeladenen Personen gar nicht. Jeder kennt eine ganze Anzahl von Themen, über die gesprochen werden könnte. Aber möglicherweise ist unklar, was gegenüber den anderen Anwesenden gesprächsfähig ist. Gemeinhin behelfen wir uns in solchen Situationen mit den Konventionen des Small Talks. Dann kann man über das Wetter reden, über das leckere kalte Büfett oder über die komplizierte Anreise zum abendlichen Beisammensein. Solche typischen Small-Talk-Themen sind Teil eines entsprechenden Rituals. Es hat seinen überragenden Wert darin, dass es in nahezu jede völlig neue Gesprächssituation importiert und dort zum Startpunkt eines Gesprächsverlaufs gemacht werden kann. Die Regeln und Rituale der ungezwungenen Konversation fungieren in diesem Sinne als Hilfsstrukturen. Sie dienen dazu, den enormen Möglichkeitsraum der Kommunikation handhabbar zu machen, indem sie ihn einengen.

Dann kann sich die nachfolgende Kommunikation erst einmal an ihnen bewähren. Ich bemerke dabei vielleicht, dass meine Gesprächspartner recht locker auf bestimmte Themen reagieren oder gewisse andere Themen vermeiden möchten. Dieses Spiel der Konventionen funktioniert natürlich umso besser, je geübter alle Gesprächsteilnehmer mit den entsprechenden kommunikativen Praktiken sind. An die zunächst »künstlich« begrenzten Themen und Gesprächsinhalte können nun neue andocken. Jemand steuert eine Anekdote bei, jemand anderes hat eine ähnliche Erfahrung zu berichten, jemand Drittes weiß daraus vielleicht eine interessante Alltagsbeschreibung abzuleiten. So nimmt das Gespräch allmählich Fahrt auf und konturiert sukzessive seine eigenen Strukturen, indem der thematische Erwartungshorizont mit jedem neuen Beitrag schärfer justiert wird.

Diese Gesprächsqualität – mit anderen Worten: diese Struktursicherheit des Interaktionssystems – wird schneller erreicht, wenn sich die eingeladenen Personen bereits gut kennen. Dann haben sich über frühere Gesprächserfahrungen, die alle bereits miteinander gemacht haben, schon verlässliche Erwartungen gebildet. Dabei ist das Schema der Strukturbildung das gleiche, es kann nur viel schneller etabliert werden, da sich alle an die entsprechenden Erfahrungen erinnern. Die Erinnerungen gehören zum Gedächtnis der beteiligten Individuen. Sie sind somit Teil der in der Umwelt der

Gesprächsrunde liegenden psychischen Systeme. Auch sie haben (es sind ja Systeme) Strukturen ausgebildet. An diese Umweltstrukturen können nun die Systemstrukturen des Interaktionssystems gekoppelt werden. Freilich kann das Tasten nach den Umweltstrukturen dabei immer nur innerhalb des Systems geschehen, es verbleibt im operativen Möglichkeitsraum des Systems: »Weißt du noch, damals?« oder »Was du gerade gesagt hast, erinnert mich an das, worüber wir bei unserem letzten Treffen lange gesprochen haben.« Und dann erinnert sich hoffentlich jemand oder die Erinnerung trügt und das Gespräch nimmt eine überraschende Wende.

So entsteht im Gespräch selbst eine Art Zweitgedächtnis, das sich mit den thematischen Fäden, die es aufnimmt oder fortspinnt, immer nur auf das Gespräch und seine in ihm thematisierten Vorgespräche bezieht. Hierin liegt dann, wie wohl jeder aus eigenem Erfahren weiß, ein mitunter gravierender struktureller Nachteil für Neulinge unter den Gesprächsteilnehmern. Sie besitzen die in der Runde präsenten Erinnerungen aus den früheren Gesprächen nicht und nehmen den eingeengten Anschlussbereich für Kommunikationen nicht als Möglichkeit für Unkompliziertheit wahr, sondern als befremdenden Erwartungsdruck.

In allen diesen Gesprächssituationen spielen Erwartungen eine zentrale Rolle. Die geschilderten Varianten machen deutlich, wie wichtig das Markieren von Erwartungen ist, um die enorme Offenheit und den übergroßen Möglichkeitsraum für sinnhafte kommunikative Anschlüsse zu handhaben. Erwartungen wirken selektiv hinsichtlich der Anschlussfähigkeit von Kommunikationen. Sie begrenzen die möglichen Rekombinationen kommunikativer Elemente.

Die in der Umwelt der Interaktion liegenden psychischen Systeme können in sich bereits entsprechende Erwartungsmotive konfigurieren. Dennoch entscheidet das Gespräch selbst, welche Erwartungen es etabliert und wie es dann an sie anknüpft. So mag der neue Gesprächsteilnehmer durchaus verschiedene Versuche starten, sich in die Runde einzubringen, die in der Kommunikation aufscheinenden Erwartungen zu identifizieren und an sie anzuschließen. Dennoch kann das Ergebnis sehr unterschiedlich sein. Jeder kennt das Gefühl, in eine Gesprächsrunde nicht richtig hineinzukommen, zu merken, wie folgenlos die eigenen Interventionen sind. Und es wird dabei ebenso deutlich werden, dass auch die anderen das bemerken. Hier begegnet uns wiederum der Modus der doppelten Kontingenz.

Das komplizierte Spiel von Erwartungen und Erwartungserwartungen, das sich in der Kommunikation zeigt, verweist auf die Strukturen des Interaktionssystems. Je dichter das strukturelle Gefüge des Systems ist, umso schärfer sind die Einschränkungen des kommunikativen Anschlussbereichs. Dadurch erfährt die Kommunikation eine Lenkung, freilich ohne dass diese der Intention einer bestimmten Person oder Instanz zugeordnet wäre. Das System schafft eine gewisse Berechenbarkeit der Kommunikation, bisweilen wird gar ein bestimmtes Maß an Determiniertheit eingebaut, etwa mit Regeln der Etikette und der Höflichkeit. Das dient nicht nur dazu, die übergroße Komplexität und Kontingenz der Sinnressource von Kommunikation handhabbar zu machen, sondern auch die enorme Komplexität der Systemumwelt zu reduzieren: Etliche Individuen sind am Gespräch beteiligt, jeder verfügt über einen umgreifenden thematischen Horizont, hat vielfältige Motive und Bedürfnislagen und Erfahrungen, man hat sich schon mehrfach in anderen Zusammenhängen getroffen und eine mitunter lange gemeinsame Vergangenheit. Hierin lassen sich beträchtliche Überforderungspotenziale für die gemeinsame abendliche Runde finden.

Wenn das komplexe Geflecht schnell greifender Interaktionsstrukturen funktioniert, wird sich die Gesprächsrunde schnell zu einem beweglichen Austausch verdichten. Und nun können unterschiedlichste Themen in mitunter raschem Wechsel, mit erheblichem Assoziationsreichtum und großer Verknüpfungstiefe in die Kommunikation eingespeist werden. Die Gesprächsrunde kann jetzt, auch im schnellen Rückgriff auf gemeinsame Vorerfahrungen und Erinnerungen, eine hohe eigene Komplexität aufbauen. Gerade das ist es ja, was dem Neuling in der Runde mitunter sofort auffällt. So erscheint die Reduktion von Umweltkomplexität als notwendige Komponente für den Aufbau systeminterner Komplexität.

Dieser Zusammenhang markiert in der luhmannschen Theorie einen grundlegenden Aspekt. In etlichen thematischen Kontexten betont Luhmann, dass »für jedes System die Umwelt immer komplexer ist als das System selbst. Kein System kann deshalb jedem Element und jeder Relation seiner Umwelt eine Eigenleistung zuordnen. Kein System kann sich auf Punkt-für-Punkt-Beziehungen zur Umwelt stützen. Kein System bringt in bezug auf Umweltkomplexität ›requisite variety‹ auf. Jedes System muß Umweltkomplexität reduzieren – vor allem dadurch, daß es die Umwelt selbst nur beschränkt und kategorial vorformatiert wahrnimmt.« (ÖK, 33)

Vermittels seiner strukturellen Stabilität wird das System also beweglich (abermals eine paradoxe Denkfigur in der luhmannschen Theorie). Indem es Sinnanschlüsse begrenzt und ein spezifisches Maß an determinierender Selektion einführt, gewinnt das System in diesem Rahmen erhebliches kombinatorisches wie thematisches Potenzial. Der Preis ist freilich der Verzicht auf weitgehende strukturelle Reversibilität.

Wir haben also gesehen, welche Funktion die Strukturen für die Stabilität eines Systems haben. Wir haben ebenfalls gelernt, dass es dazu gewisser Kopplungen des Systems an seine Umwelt bedarf, beispielsweise an die Erinnerung der beteiligten Personen. Doch im Nachklang des obigen Beispiels drängen sich mehrere Fragen auf. Zunächst einmal: Was geschieht, zumal mit Blick auf die Strukturen des Systems, wenn der gemeinsame Abend beendet ist und die beteiligten Personen auseinandergehen? Und weiterführend: Wie lassen sich eigentlich kommunikative Zusammenhänge denken, in denen der kommunikative Austausch nicht nur »face to face«, sondern auch über viel indirektere Kontakte geführt wird? Wie lassen sich in diesen Fällen entsprechende Systemstrukturen etablieren? Das soll Thema der folgenden Abschnitte sein.

Unterschiedliche Typen sozialer Systeme

Wann immer in den vorigen Kapiteln und Abschnitten von sozialen Systemen die Rede war, ging es in den Beispielen dazu um ganz spezifische Systemformen. Betrachtet wurde dann die Kommunikation zwischen mehreren beteiligten Gesprächspartnern. Diese Kommunikation unter physisch anwesenden Personen stellt einen wichtigen Systemtypus in der luhmannschen Theorie dar. Für unsere Beispiele hat diese Systemform den Vorteil, dass sie als Alltagserfahrung für jeden Leser eine unmittelbare Anschaulichkeit besitzt. Indes ist sie in Luhmanns Theorie sozialer Systeme nur ein möglicher Typus von mehreren.

Luhmann benennt drei verschiedene Typen sozialer Systeme: einmal eben die bereits angeführte Interaktion, zweitens den Typ der Organisation und drittens den Typ der Gesellschaft. Alle drei Typen sind Erscheinungsformen sozialer Systeme. Das heißt, dass alle drei sich aus Kommunikationen zusammensetzen, Kommunikation also ihr Letztelement ist.

Wir werden nun zwangsläufig mit einer weiteren paradoxen Theoriefigur konfrontiert: Denn einerseits beschreibt Luhmann diese Typen sozialer Systeme als drei verschiedene, andererseits betont er aber auch, dass der Systemtypus der Gesellschaft die beiden anderen Systemtypen in sich enthält. Diese paradoxe Beschreibung wird plausibel, wenn man die Verschiedenheit der drei Systemtypen auf die möglichen unterschiedlichen Perspektiven eines Beobachters bezieht.

72

Ein solcher Beobachter könnte das komplexe kommunikative Geflecht betrachten und analysieren, das beginnt, wenn sich eine Gruppe von Menschen trifft und miteinander unterhält, und das endet, wenn diese Personen wieder auseinandergehen. Er sähe dann genau die systemischen Mechanismen, denen wir in unseren bisherigen Beispielen nachgegangen sind und eine spezifische Terminologie und Modellbildung zugeordnet haben. Er sähe dann Kommunikationen, die autopoietisch aneinander anschließen (im besten Falle, denn viele interaktive Kontakte im Alltag kommen ja gar nicht so weit), Strukturen bilden und Umweltkopplungen etablieren. Er würde dann ein besonderes soziales System, die Interaktion unter Anwesenden, bei seinem Werden, seiner systemischen Entwicklung und seinem Zerfall beobachten.

Derselbe Beobachter könnte aber auch, wenn die Besprechungsrunde aufgelöst ist und alle Teilnehmer gegangen sind, einfach im Raum bleiben und auf eine angekündigte weitere, sich anschließende Gesprächsrunde warten. Vielleicht war die erste eine wöchentliche Teambesprechung und die zweite ist eine Abteilungskonferenz. Vielleicht befindet sich der Beobachter in einer deutschen Universität. Möglicherweise hat er sich schon in einige solcher Gesprächskontexte begeben: hat zufälligen Unterhaltungen am Kopierer oder in der Mensa gelauscht, hat mit Angestellten im Sekretariat gesprochen, hat die Institutsleitung bei unterschiedlichen Routinegesprächen mit dem Präsidium der Universität, mit Mitarbeitern, mit den studentischen Hilfskräften begleitet, hat an diversen Lehrveranstaltungen und Seminarübungen (vielleicht gar zur luhmannschen Systemtheorie) teilgenommen.

Bei allen diesen Beobachtungen mitunter sehr vielgestaltiger Interaktionssysteme ist bei ihm ein Bild entstanden von einer noch erheblich komplexeren Systemrealität, dem Organisationssystem eines bestimmten wissenschaftlichen Instituts an einer deutschen Universität. Dieses mit ganz anderen

Scharfstellungen beobachtete System setzt sich ebenfalls aus sinnhaften Kommunikationen zusammen, enthält jedoch eine Vielzahl von (auch parallel zueinander existierenden) Interaktionssystemen.

Auch dieses Sozialsystem bildet Strukturen. Sie jedoch sind anders gebaut. Denn auch wenn abends in dem fraglichen Universitätsinstitut die Lichter ausgehen und selbst die fleißigsten Mitarbeiter zu später Stunde die Universität verlassen, um sich auf den Heimweg zu machen, wird unser Beobachter eine eigentümliche Entdeckung machen: Am nächsten Tag sind alle wieder da! Und nicht nur das. Denn am folgenden Tag werden sich nicht nur dieselben Personen wieder dort einfinden, sie machen auch da weiter, wo sie am Vortag aufgehört haben, und sprechen, planen, handeln miteinander, als wüssten alle auswendig, was zu tun ist. Würde ein Beobachter die Personen nach ihren entsprechenden Motiven befragen, bekäme er wahrscheinlich die leicht konsternierte Antwort: »Weil es mein Job ist, deswegen bin ich eingestellt worden!«

Es gibt in diesem Sozialsystem also offensichtlich exakt funktionierende Mitgliedschaftszurechnungen und ebenso offensichtlich auch Strukturen, die die interaktiven Unterbrechungen überdauern. Diese Zusammenhänge sollen hier nicht weiter vertieft werden, denn wir werden uns im vierten Kapitel (»Funktionale Differenzierung und Individualität«) eingehender mit den Besonderheiten und der überragenden Bedeutung von Organisationen für gegenwärtige Gesellschaften beschäftigen.

Bereits der Vergleich von Interaktions- und Organisationssystemen zeigt, wie die oben eingeführte Paradoxie Plausibilität gewinnt: Interaktionssysteme wie Organisationssysteme repräsentieren jeweils einen Fall autopoietischer sozialer Systeme. Beide Systemtypen bestehen aus Kommunikationen, in beiden schließen vielgestaltige kommunikative Prozesse autopoietisch aneinander an und etablieren innersystemische Erwartungen und Erwartungserwartungen, also Strukturen, auf deren Basis sich die jeweiligen Systeme an ihre Umwelten koppeln. Beide Systemtypen sind aber auch verschieden, denn weder sind ein einzelnes Interaktionssystem und ein spezifisches Organisationssystem empirisch identisch, noch besteht ein Organisationssystem, auch wenn es eine Vielzahl von Interaktionssystemen enthält, schlicht aus der Summe dieser Interaktionssysteme. Ähnlichkeit wie Unterschiedlichkeit hängen vom Beobachterstandpunkt ab, von der Analyseebene seiner Beobachtungen.

»Auf der Ebene der Theorie sozialer Systeme geht es um die Besonderheit autopoietischer Systeme, die als soziale begriffen werden können. Auf dieser Ebene muß die spezifische Operation bestimmt werden, deren autopoietischer Prozeß zur Bildung sozialer Systeme in entsprechenden Umwelten führt. Das sind Kommunikationen. Die Theorie sozialer Systeme faßt mithin alle Aussagen (und nur solche Aussagen) zusammen, die für alle sozialen Systeme gelten, selbst für Interaktionssysteme von kurzer Dauer und geringer Bedeutung. Auf dieser Ebene erscheint die Gesellschaft (wie die klassische societas civilis) als ein Sozialsystem unter vielen anderen und kann verglichen werden mit Organisationssystemen und der Interaktion unter Anwesenden als anderen Typen sozialer Systeme.« (GdG, 80)

Auf einer anderen Ebene der Betrachtung hat das Gesellschaftssystem genau die oben angesprochene markante Besonderheit: Es enthält als umfassendes System sinnhafter Kommunikationen alle Interaktions- wie Organisationssysteme. Alle Interaktionssysteme, die unser Beobachter betrachten könnte, finden ebenso in der Gesellschaft statt und sind ein Teil von ihr wie die Gesamtheit der Organisationssysteme, deren innere Abläufe unser Beobachter einer genauen Analyse unterziehen könnte.
Luhmann hat in seiner eigenen Arbeit der Beschreibung und Analyse der Gesellschaft als umfassendes Sozialsystem den weitaus größten Umfang eingeräumt. Der Großteil seiner Publikationen widmet sich der Beobachtung des Gesell-

schaftssystems. Niklas Luhmann, zunächst als Jurist ausgebildet und erst danach in die akademische Soziologie hin-
eingewachsen, betritt die wissenschaftliche Öffentlichkeit in
den 1960er-Jahren zwar zunächst mit Publikationen zu ver-
waltungswissenschaftlichen, rechtspolitischen und organi-
sationstheoretischen Fragestellungen. Doch wird ebenso
früh bereits deutlich, dass sein Arbeitsziel im Aufbau und der
Ausformulierung einer allgemeinen Theorie sozialer Systeme liegt, deren Zentrum die systemtheoretische Fassung
einer Gesellschaftstheorie ist.

Sein erstes großes Hauptwerk, *Soziale Systeme* von 1984 mit
dem bezeichnenden Untertitel *Grundriß einer allgemeinen
Theorie*, ist dann auch genau dieses beides: die komplexe
Grundlegung einer umfassenden Theorie sozialer Systeme
mit der klaren Fokussierung auf den Typus des Gesellschaftssystems. Denn: »Es muß in der Soziologie einen Begriff
geben für die Einheit der Gesamtheit des Sozialen [...]. Wir
setzen hierfür den Begriff der Gesellschaft ein. Gesellschaft
ist demnach das umfassende Sozialsystem, das alles Soziale
in sich einschließt und infolgedessen keine soziale Umwelt
kennt. Wenn etwas Soziales hinzukommt, wenn neuartige
Kommunikationspartner oder Kommunikationsthemen auftauchen, wächst die Gesellschaft mit ihnen. Sie wachsen der
Gesellschaft an. Sie können nicht externalisiert, nicht als
Sache ihrer Umwelt behandelt werden, denn alles, was
Kommunikation ist, ist Gesellschaft.« (SozSys, 555)

In den Jahren nach der Publikation der *Sozialen Systeme*
widmet Luhmann sich ausführlich einer systemtheoretisch
gefassten Beschreibung verschiedener Teilbereiche des Gesellschaftssystems (bei Luhmann heißen sie Teilsysteme),
bis 1997 sein Hauptwerk, *Die Gesellschaft der Gesellschaft*,
erscheint. Mit dieser umfangreichen, in zwei Bänden veröf-
fentlichten Publikation liegt dann endgültig die vollständige,
in mehrere Dimensionen gegliederte Beschreibung des umfassenden Sozialsystems vor.

Das Gesellschaftssystem und seine Umwelt

Das Gesellschaftssystem als spezifischer Typus sozialer Systeme ist, wie die anderen Typen auch, ein autopoietisches System. Es ist also ein selbstreferenzielles, operativ geschlossenes System. Das heißt, dass es die Elemente, aus denen es besteht, selbst erzeugt. Diese Elemente stellen die Gesamtheit gesellschaftlicher Kommunikation dar. Dementsprechend gibt es keine Kommunikation außerhalb der Gesellschaft. Aus dieser autopoietischen Selbstreproduktion gehen gesellschaftliche Strukturen hervor, die zu jedem Zeitpunkt spezifische Rekombinationsmöglichkeiten innerhalb der Kommunikation in einer Gesellschaft schaffen und eine dynamische Stabilität der Gesellschaft gewährleisten.

Zur permanenten Produktion seiner Elemente ist das Gesellschaftssystem auf komplizierte Kopplungsverhältnisse zu seiner Umwelt angewiesen. In dieser Umwelt befinden sich auch die Bewusstseinssysteme und körperlich-biologischen Systeme, die den an der Kommunikation beteiligten Personen zugeordnet werden. Deutlich wird nun, dass die Gesellschaft sich nicht nur gegen eine äußere Umwelt abgrenzt. Schon die Unterscheidung von Gesellschaft, Organisation und Interaktion zeigt, dass auch auf der Innenseite, also in der Gesellschaft, weitere Systeme existieren, die jeweils füreinander System/Umwelt-Verhältnisse bilden. Eine beträchtliche Zahl gesellschaftsinterner Interaktions- und Organisationssysteme aktualisiert in jedem Augenblick eine hochkomplexe Landschaft vielgestaltiger System/Umwelt Verhältnisse, für die ebenso weitreichende strukturelle Kopplungen etabliert werden. Eines unterscheidet die gesellschaftsinternen Kopplungsverhältnisse jedoch grundlegend von den Kopplungen der Gesellschaft zu ihrer äußeren Umwelt: Intern orientieren sie alle strukturellen Erwartungen auf ein gemeinsames Letztelement, nämlich Kommunikation. In den Kopplungsverhältnissen zu ihrer äußeren Umwelt hingegen hat die Gesellschaft mit dieser kein Element gemeinsam.

Außerordentlich interessant und gleichermaßen komplex ist diese luhmannsche Vorstellung von der Kopplung des Gesellschaftssystems an seine Umwelt. Dabei hat das Verhältnis des Gesellschaftssystems zu den Bewusstseinssystemen in seiner Umwelt einen ganz besonderen Stellenwert. Auf dieses Kopplungsverhältnis möchte ich kurz etwas näher eingehen und an ihm dabei die luhmannschen Vorstellungen plausibilisieren.

Luhmanns Vorstellungen zu Kopplungsphänomenen sind eng mit den Überlegungen zum Autopoiesebegriff verknüpft. Autopoietische Systeme reproduzieren die Elemente, aus denen sie bestehen, selbst. Sie tun dies auf der Basis ihrer eigenen Strukturen und nur auf dieser Basis. So können die Elemente sozialer Systeme, also Kommunikationen, immer nur innerhalb dieser Systeme, das heißt durch Kommunikationen und im Anschluss an die jeweils aktualisierten Erwartungen erzeugt werden. Nur Kommunikationen erzeugen Kommunikationen.

Dennoch können wir beobachten (und unsere Alltagserfahrung illustriert das eindrucksvoll), dass dies wiederum nicht ohne zureichende Beteiligung der Umwelt des Gesellschaftssystems geschehen kann. Wie schon erwähnt, gilt das in besonderer Weise für die Bewusstseinssysteme in der Umwelt der Gesellschaft. Freilich wirken etwa auch biologisch-neurologische oder physikalische Umweltbedingungen auf den Kommunikationsprozess ein. Jedoch sind die Bewusstseinssysteme auf eine speziellere Weise an die Produktion von Kommunikation gekoppelt, denn psychische wie soziale Systeme greifen auf die Ressource Sinn zurück. Das ermöglicht eine genuin engere strukturelle System/Umwelt-Kopplung zwischen psychischen und sozialen Systemen. »Bewußtseinssysteme und Kommunikationssysteme bestehen mithin völlig überschneidungsfrei nebeneinander. Sie bilden zugleich aber ein Verhältnis struktureller

Komplementarität. Sie können ihre eigenen Strukturen jeweils nur selbst aktualisieren und spezifizieren, daher auch jeweils nur selbst ändern. Sie benutzen einander aber zugleich zu einer gegenseitigen Auslösung solcher Strukturänderungen.« (SozAuf 6, 45)

Wenngleich das Bewusstseinssystem keine Kommunikation erzeugen kann, so ist es über die Sinnressource doch auf eine spezielle Weise an dieser Produktion von Kommunikation beteiligt. Es ist quasi ein enger getaktetes Umschlagen intentionaler, motivationaler, kognitiver und anderer Prozesse in die Produktion von Kommunikation und umgekehrt, ohne dass dabei auf irgendeine Weise die System/Umwelt-Grenze zwischen sozialem und psychischem System unterlaufen werden könnte. Kommunikation erzeugt ja permanent Formen im Medium Sinn, und mit solchen Sinnformen kann das Bewusstsein etwas anfangen. Es kann wegen des gemeinsam geteilten Sinnmediums für eine Vielzahl kommunikativer Sinnformen adäquate Entsprechungen im eigenen System konstruieren.

Ein solches enges Verhältnis von wechselseitigen Bezügen finden soziale Systeme nur zu psychischen Systemen. Dieses spezifische Kopplungsverhältnis nennt Luhmann Interpenetration. Es bindet die beiden Systemarten so eng aneinander, dass sie sich nur in gegenseitiger Abhängigkeit strukturell verändern können. Die Fortentwicklung des einen zieht entsprechende Veränderungsbewegungen des anderen Systems nach sich und hat sie gleichzeitig zur Bedingung. Beide Systeme koevoluieren. Insofern bedeuten Strukturänderungen im einen System Anpassungsnötigungen für das andere System und forcieren dessen Reaktionen. Für die Gesellschaft hat das zu fundamentalen Neuerungen geführt.

Sprache, Schrift, Buchdruck, Massenmedien

Die bedeutendste Folge und zugleich das grundlegende Instrument der Kopplung von Gesellschaft und Bewusstsein ist die Entwicklung von Sprache.[9] »Die Evolution der gesellschaftlichen Kommunikation ist nur möglich in ständiger operativer Kopplung mit Bewußtseinszuständen. Diese Kopplung ist zunächst durch Sprache, sodann mit einem weiteren Effektivitätsschub durch Schrift und schließlich durch Buchdruck erreicht worden. [...] Auf dieser Grundlage hat die Evolution der gesellschaftlichen Kommunikation eine ungeheure Komplexität der Vernetzung aktueller Kommunikationsverläufe aufgebaut, die für jede Kommunikation, die darin abläuft, aber auch für jedes Bewußtsein, das, beteiligt oder nichtbeteiligt, Kommunikation beobachtet, vollständig intransparent ist.« (SozAuf 6, 41 f.)

Sprache ermöglicht die hochkomplexe Kopplung von Kommunikation und Bewusstsein, indem sie im Laufe gesellschaftlicher Sprachentwicklung ein dichtes Netz symbolisch eigenständiger Formen schafft. Es entsteht allmählich eine vieldimensionale Welt sprachlicher Zeichen. Sie macht es der Kommunikation möglich, Dinge zu thematisieren, die nicht anwesend sind, und dieses Sprechen zu systematisieren. Ich berichte jemandem über meinen Urlaub im vergangenen Sommer, ich beschreibe einer Person meine Gefühle ihr gegenüber, ich verbinde verschiedene Eindrücke zu einer bestimmten Ansicht.

All dies löst Kommunikation von einem unmittelbaren Gegenstand der Anschauung und erzeugt so eine erhebliche Komplexität von Informationen. Gleichzeitig aber wächst auch die Möglichkeit des Missverstehens und damit die Stabilisierungsnötigung für Kommunikation. So bilden sich unter anderem Sprachregeln, kommunikative Gepflogenheiten und thematische Tabuzonen, um das Stabilitätsproblem zu handhaben. Doch die Ausdehnung der Komplexität von Kommunikation hat noch eine quasi natürliche

Grenze: Sprache (und bislang ist hier die mündliche Sprache gemeint) erfordert die Anwesenheit von Personen. Erst die Erfindung der Schrift entbindet die Kommunikation von dieser Beschränkung.

Hier wird deutlich, welchen enormen Entwicklungsschub die Emanzipation von nur mündlicher Kommunikation für eine Gesellschaft erbringt. Die exponentielle Mehrung von Thematisierbarkeiten, das Überschreiten personeller wie zeitlicher Beschränkungen, die gesteigerte Revidierbarkeit von Verstehensprozessen sind die Folgen der Etablierung neuer Kommunikationsmedien. Diese Komplexitätssteigerung setzt sich mit der Erfindung des Buchdrucks und mit dem Einzug neuer elektronischer Medien deutlich fort. Luhmann bezeichnet diese Medien anschaulich als Verbreitungsmedien.

Das kommunikative Geschehen in diesen neu erschlossenen Möglichkeitsräumen muss nun wiederum stabilisiert werden. Die Gesellschaft zieht dementsprechend hier Strukturen ein. In der historischen Abfolge der Einführung jeweils neuer Verbreitungsmedien in die Gesellschaft »nimmt die soziale Relevanz von Anwesenheit ab« (GdG, 249f.). Luhmann betont, dass dies weitreichende Konsequenzen für die Sozialstrukturen und sozialen Differenzierungsformen der Gesellschaftssysteme hatte.

Diese strukturellen Verschiebungen in Gesellschaftsformationen sind Teil ihrer sozialen Evolution. Dem Komplex der Evolution von Gesellschaften schenkt Luhmann große Aufmerksamkeit. Seine Vorstellungen zur grundlegenden Logik evolutionärer Prozesse und zu den realhistorischen Etappen gesellschaftlicher Evolution nehmen eine zentrale Stellung innerhalb seiner Theorie sozialer Systeme ein. Diese beiden Ebenen sollen im Folgenden kurz auf ihre Kernaussagen hin betrachtet werden.

Gesellschaftliche Veränderungen

Eine sehr kompakte und ausgearbeitete Systematisierung seiner Vorstellungen zur sozialen Evolution findet sich in Luhmanns Zentralwerk *Die Gesellschaft der Gesellschaft* im Abschnitt »Evolution«. Bezeichnenderweise beginnt dieses Kapitel mit dem Satz: »Gesellschaft ist das Resultat von Evolution.« (GdG, 413) Jede Momentaufnahme einer gesellschaftlichen Realität markiert also einen temporären Lösungsversuch evolutionärer Herausforderungen. Permanent laufen in der Gesellschaft Irritationen, Anforderungen, Komplexitätsdruck aus vielfältigen System-Umwelt-Verhältnissen auf. Für diese Herausforderungen hat eine bestehende Gesellschaft, wenngleich vielleicht zeitlich begrenzt, Lösungen gefunden, andernfalls würde sie nicht existieren. Diese Lösungen kondensieren in den Strukturen der Gesellschaft, die ihr eine dynamische Stabilität verleihen. Mittels seiner Strukturen stabilisiert das Gesellschaftssystem die autopoietische Dynamik der eigenen vielfältigen Operationen.

Jede Etappe von Kommunikation findet in einem überbordenden Möglichkeitsraum sinnhafter Anschlüsse statt. Erwartungen bilden Strukturen, die wiederum Möglichkeiten eingrenzen. Sie lösen das Problem der Kontingenz von Kommunikation: Alles, was verstanden wird, könnte auch ganz anders verstanden werden. Jede Lösung muss sich bewähren, ist potenzieller Anknüpfungspunkt für weitere Kommunikation. Die entstandenen Strukturen sind dabei in komplexe System/Umwelt-Verhältnisse hineingepasst und sorgen dafür, dass das System eine eigene Beobachtungsfähigkeit für Irritationen ausbildet. Die Kopplungen bestehen gesellschaftsintern wie auch zur Umwelt der Gesellschaft. Ein Beispiel soll das verdeutlichen.

Wir wollen zur Veranschaulichung von einer Organisation ausgehen, sagen wir etwa von einem Unternehmen. Dieses hat im Laufe seines Bestehens bestimmte charakteristische Binnenstrukturen aufgebaut. Die Kommunikation verläuft auf bestimmten Bahnen, zwischen bestimmten Mitarbeitern und Abteilungen, mit Blick auf bestimmte Zielsetzungen. Für viele Unternehmen ist der Weg ihres Entstehens bis zu einem ersten stabilen Zusammenwirken ihrer Bestandteile bereits ein enorm komplexer Entwicklungsprozess.

Das Unternehmen hat nun zu einer Kontur gefunden, die es ihm erlaubt, unter seinen spezifischen Existenzbedingungen Stabilität zu gewinnen. Aber es ist weiterhin mit vielfältigen Einflüssen sowohl von außen als auch von innen konfrontiert. Hiervon mögen mitunter auch beträchtliche Irritationen ausgehen.

Sollten Störungen auftreten, so könnte das Unternehmen sie etwa einem anderen Unternehmen zurechnen. Vielleicht gibt es eine mit dem Unternehmen verbundene Firma, etwa ein Partnerunternehmen oder einen Zulieferbetrieb oder eine Muttergesellschaft, die umfangreiche interne Umstrukturierungen vornimmt. Diese könnten sich in einer veränderten Unternehmenspolitik niederschlagen, die gravierende Konsequenzen für unser Unternehmen hat. Oder es verringern sich plötzlich die Verkaufszahlen für das spezielle Produkt unseres Unternehmens. Eine solche Entwicklung war vielleicht nicht abzusehen, und nun muss eine schnelle Problemanalyse erfolgen, damit rasch auf die Talfahrt reagiert werden kann.

Es könnten aber ebenso gut Irritationen entstehen, die inneren Veränderungen geschuldet sind. Vielleicht haben sich die Mitarbeiter einer internen Entwicklungsabteilung zusammengetan, um sich selbstständig zu machen, und verlassen unvorhergesehen und kurzfristig das Unternehmen. Vielleicht auch häufen sich Entscheidungsprobleme und Fehlplanungen in der Unternehmensleitung, und man hat gehört, dass einer der Geschäftsführer in einer schweren familiären Krise steckt und mit den Belastungen nicht zurechtkommt.

In all diesen Fällen hat unser Unternehmen mittels seiner eigenen Indikatoren (Vorstandssitzungen, Quartalsberichte,

Abteilungsbesprechungen, Kundenreklamationen und vieles mehr) deutliche Störungen beobachtet, die seine Strukturen unter Anforderungsdruck stellen. Es kann nun ganz unterschiedlich reagieren, und dabei können wir auch sehen, dass es (entgegen der öffentlichen Rhetorik vonseiten vieler Unternehmen) kaum den einen richtigen Weg zur Kompensation der jeweiligen Störung gibt.

Unser Unternehmen hat vielleicht eine lange Tradition einer festgefügten Firmenpolitik, die mehrere Eigentümergenerationen geprägt haben. Man will im Beharren darauf die Vermarktung des hauseigenen Produkts nicht ändern.

Dies könnte tatsächlich zum Niedergang des Unternehmens führen, das dann von einem Konkurrenzunternehmen aufgekauft würde – man hat auf langfristige Veränderungen des Marktes keine zureichende Antwort. Es könnte genauso gut aber auch gerade die Rettung des Unternehmens aus einer Krise sein. Denn vielleicht haben zufällige Ereignisse oder kurzfristige Wechselwirkungen über komplizierte Reaktionswege eine Marktbewegung ausgelöst, die nur von kurzer Dauer ist. Gerade die geringe planerische Veränderungsbereitschaft des Unternehmens leitet die Organisation dann sicher durch die vorübergehenden Veränderungen.

Und ebenso könnte etwa die Kündigung der Mitarbeiter aus der internen Abteilung den Verlust eines entscheidenden Brainpools markieren. Das Fehlen der Kreativkräfte mag zur kurzfristigen Inanspruchnahme einer externen Organisation führen, die entsprechend spezialisierte Leistungen anbietet. Mit dieser Umstellung macht unser Unternehmen so gute Erfahrungen, dass man sich zu einer dauerhaften Kooperation entschließt und die verwaiste interne Abteilung nicht wieder besetzt. Andererseits könnte aber auch die Kündigung der Mitarbeiter aus der internen Entwicklungsabteilung ein paar andere Angestellte, die wegen des Profilierungsbestrebens der früheren Kollegen immer im Hintergrund gestanden haben, dazu ermutigen, die frei werdenden Stellen einzunehmen. Der mit der Neubesetzung erfolgende

Motivationsschub könnte zu völlig neuen Ideeninputs führen, die die Marktchancen unseres Unternehmens deutlich
verbessern.

Diese Beispielkette ließe sich beliebig fortführen. Sie soll verdeutlichen, dass Irritationen nicht zwangsläufig zu Struktur-
veränderungen führen müssen. Ebenso illustriert sie, dass
solche strukturellen Umstellungen, wenn sie denn stattfinden, das sich verändernde System nicht unbedingt zu
stabilen Verhältnissen zurückführen.

Diese Feststellung konterkariert die öffentliche Reformrheto-
rik, mit der die Umgestaltung von Organisationen gewöhnlich begleitet wird. Ihr stand Luhmann stets skeptisch gegenüber: »Wenn es überhaupt eine Funktion hat, Regeln zu
bilden, kann es nicht zugleich sinnvoll sein, unter gut klin-
genden Namen wie Reform oder Innovation oder Lernen die
Änderung der Regeln zu empfehlen. Solche Positivwertun-
gen verdecken nur eine ihnen zu Grunde liegende Paradoxie: dass das Ändern ebenso wie das Beibehalten der Regeln
sinnvoll sein kann je nach den Umständen, über die man im
Einzelnen nichts Sicheres wissen kann.« (OuE, 335)

Diese Änderungsunsicherheit wird einleuchtend, wenn man
im Hinterkopf behält, dass Organisationen wie alle anderen
sozialen Systeme ja keine Trivialmaschinen sind.[10] Alle Veränderungen beziehen sich immer auf die Strukturen des
Systems. Sie sind Reaktionen auf Irritationen, die immer
das Resultat der systemeigenen Beobachtungen sind – das
System kann nur auf der Basis seiner eigenen Operationen
beobachten und auf dieser Basis Irritationen markieren. Dass
der entsprechende Austausch darüber innerhalb der Gesellschaft auch über Binnensystemgrenzen hinweg (also
etwa zwischen verschiedenen Unternehmen) anschlussfä-
hig ist, hat mit der Gemeinsamkeit der Elemente dieser
Systeme im Gesellschaftssystem zu tun: der sinnbasierten
Kommunikation. Doch Reaktionen auf Störungen erfolgen
nur durch die Operationen des Systems innerhalb seiner
eigenen Strukturbedingungen. Vor diesem Hintergrund ist

jegliche Strukturänderung im System zu betrachten. Solche Änderungsbewegungen fasst der Begriff der Evolution zusammen.

In der luhmannschen Theorie werden evolutive Prozesse mit einer spezifischen Begriffstrias beschrieben. Luhmann unterscheidet Vorgänge der Variation, der Selektion und der Restabilisierung.

Im Vollzug seiner Autopoiese reproduziert ein soziales System seine Strukturen. Durch Irritationen von außen oder von innen können zufällige oder geplante Variationen innerhalb seiner beständigen autopoietischen Prozesse auflaufen. Sie müssen stets irgendwie an die bereits etablierte strukturelle Realität des Systems andocken – oder im Rauschen autopoietischer Inkompatibilität untergehen.

Soziale Systeme haben die Möglichkeit zur Variation, da sie autopoietisch geschlossene Systeme sind und keine Trivialmaschinen. Nur ihre reproduktive Geschlossenheit ist die Bedingung der Möglichkeit, umweltoffen zu sein, also auf Irritationen mit strukturellen Veränderungen zu reagieren. Dabei ist jedoch nicht optimale Anpassung an die Umwelt die Änderungsmaxime, sondern der Erhalt der Autopoiesis. Sie unterliegt permanenten Umwelteinflüssen. Ihnen gegenüber entwickelt jedes System zu jedem Zeitpunkt ein eigenes spezifisches Maß an Irritabilität. Die auftretenden Variationen können im System überhaupt nur eine Dauer und damit Erkennbarkeit entwickeln, wenn an sie angeschlossen wird. Genau dieses Moment bezeichnet der Begriff der Selektion. In diesem Kontext sei noch einmal das Beispiel des Unternehmens aufgegriffen.

Das Unternehmen sieht sich zur Reaktion auf die sich gravierend verschlechternden Absatzzahlen genötigt. Schon dies ist ein besonderes Kennzeichen unseres Beispielsystems. Andere Unternehmen würden oder könnten vielleicht gar nicht reagieren, wieder andere zeigten unter diesen Umständen ganz andere Reaktionen. Unser Unternehmen könnte die Absatzerwartungen korrigieren, die entsprechenden Produkteigenschaften verändern, auf andere Märkte ausweichen, die Produktwerbung intensivieren und anderes mehr. Allen Reaktionsformen lägen Variationen innerhalb der organisationalen Entscheidungen, Kommunikationen, Abläufe, Verantwortungen, Personen etc. zugrunde. Vielleicht würden vielfältige Reaktionen parallel zueinander in Gang gesetzt. Sie stellen Versuche dar, die Irritationsanforderungen in die Abläufe und Gegebenheiten des Unternehmens zu integrieren und mit den eigenen Möglichkeiten zu reagieren. Vorschläge würden gemacht und verworfen, Umstellungen auf Probe versucht, einzelne Erfolg versprechende Lösungsansätze umgesetzt.

Die Organisation würde somit einzelne Variationen auswählen und unter Bewährungsvorbehalt in das Unternehmensgeschehen integrieren. Diese Selektionen müssen immer im organisationalen Binnenraum anschließbar sein. Andernfalls würde sich für das System eine erhebliche Belastung der eigenen strukturellen Reproduktion aufbauen. In Unternehmen ist diese Anschließbarkeit von Selektionen etwa eine wesentliche Anforderung an das Handeln sogenannter Krisenmanager, wenn sie ein Unternehmen radikal zu reformieren trachten. Ebenso müssen neue Strukturanbahnungen bisweilen genau daraufhin beobachtet werden, ob sie nicht veränderte Bedingungen schaffen, die die weitere Irritabilität und damit die Problemwahrnehmung eher verstellen. Und selbst der Fall einer Veränderungsverweigerung kann sich unter Semantiken von »Solidität« oder »Tradition« noch bewähren.

Erweisen sich die neuen Strukturansätze als brauchbar, kann das System sie in seinen Gesamtaufbau dauerhaft integrieren. Diese Reintegration schafft dann den neuen Ist-Zustand, von dem die Selbstreproduktion nun ausgeht und auf dessen Basis alle weiteren möglichen Irritationen beobachtet werden.

Vielleicht öffnet sich unser Beispielunternehmen gänzlich neuen Produktsparten und hat auf den veränderten Märkten großen Erfolg. Dann könnte sich die relativ rasche Umstellung des Unternehmens in verfeinerten Instrumentarien der Marktbeobachtung unter den »gesteigerten Risiken einer globalisierten Ökonomie« verankern. Oder das Unternehmen würde sich eine Verschnaufpause gönnen und sich im erreichten »sicheren Hafen« einrichten. Oder es bleiben vielleicht deutliche Stressspuren dieser ökonomischen Anpassungsleistung zurück, die sich als »Angst vor dem Ausbluten des unternehmerischen Mittelstands« niederschlagen und auch als gesteigerte Nervosität bei zukünftigen Planungen verselbstständigen. Wie viel Erfolg (und das meint: autopoietische Stabilisierung) das gewandelte Unternehmen damit auf seinem weiteren Weg hat, ist aus dieser Warte jedenfalls nicht auszumachen. Diese Unwägbarkeit evolutiver Irritationsanpassung kennen wir dann im Alltag unter der Semantik des »unternehmerischen Risikos«.

Wir haben in den vorigen Abschnitten Evolution mit diversen Beispielvarianten eines Organisationssystems betrachtet. Luhmann analysiert die Mechanismen evolutiver Prozesse hauptsächlich hinsichtlich des Gesellschaftssystems. Dessen struktureller Veränderung gilt sein wesentliches Augenmerk. Nichtsdestotrotz gelten die grundlegenden Mechanismen von Evolution für alle sozialen Systeme. Mithilfe der Unterscheidung von Variation, Selektion und Stabilisierung werden dann alle evolutiven Veränderungen markiert.

Dabei bezieht sich der Aspekt der Variation auf die Ebene der Operationen. Im Hinblick auf soziale Systeme sind damit also die Kommunikationen gemeint. Wenn sie sich ereignen, können sich Variationen einstellen. Das heißt, dass Kommunikationen von etablierten Regelhaftigkeiten abweichen, unübliche Formen annehmen, Erwartungen unterlaufen oder Überraschungen transportieren.

Die Beobachtung einer Variation setzt also eine bereits etablierte strukturelle Realität und damit eine wenigstens minimale autopoietische Beständigkeit voraus. Nur dann ergibt sich eine Folie dafür, dass eine bestimmte Operation überhaupt als Variation bezeichnet werden kann. Solche Variationen sind ein üblicher Teil der autopoietischen Normalität nicht-trivialer Systeme. Bestimmend für die mögliche Selektion variierender Operationen ist die strukturelle Verfassung des Systems. Das oftmals hochkomplexe Gefüge von systeminternen Erwartungen verteilt die Chancen für die jeweilige strukturelle Anschließbarkeit potenzieller Variationen.

Ist eine solche gegeben und schließlich das ausgewählte variierte Element in den strukturellen Aufbau eingefügt, so definiert sich in gewisser Weise ein struktureller Neuzustand des Systems. Das System ist, in welch kleinem Ausmaß auch immer, strukturell ein anderes geworden. Es hat Evolution stattgefunden. Diese strukturelle Novellierung muss sich in einem umweltoffenen System dann unter dem Zugriff vielfältiger System/Umwelt-Kopplungen bewähren.

Theorie der Evolution und Reformen

Luhmann adaptiert mit diesen Modellvorstellungen wesentliche evolutionstheoretische Konzepte der neueren biologischen Evolutionstheorien. Er selbst kennzeichnet seine Auffassung denn auch als »neodarwinistische Theorie der Evolution« (so eine Zwischenüberschrift im besagten Abschnitt der *Gesellschaft der Gesellschaft*). Die Aufnahme von Kernelementen solcher Ansätze in eine Theorie sozialer Systeme erschien Luhmann stets als naheliegend. Freilich ergänzte er die in der biologischen Nachbardisziplin vorgefundenen Grundkonzepte um einige Spezifika und betonte solche Momente, die seinen Vorstellungen von den Konturen und Erfordernissen autopoietischer Systeme genügen konnten.

All dies hat die luhmannschen Ausführungen zur Evolution sozialer Systeme nicht vor dem wiederkehrenden Generalverdacht vermeintlicher biologistischer Auffassungen gesellschaftlicher Bedingungen bewahrt. Auf die Provokation, die Luhmanns Auffassungen offensichtlich für den Mainstream zumindest der deutschen Gesellschaftswissenschaften darstellten und häufig noch darstellen, wurde bereits im ersten Kapitel hingewiesen.

Ein näherer Blick auf Luhmanns Vorstellung gesellschaftlicher Evolutionsprozesse offenbart deren charakteristische Merkmale. Ich möchte drei herausstellen, die mir grundlegend erscheinen.

Zunächst einmal grenzt Luhmann eine *evolutions*theoretische Auffassung struktureller Veränderungen von den ganz anders gelagerten *entwicklungs*theoretischen Vorstellungen ab. »Das auszeichnende Merkmal von Evolutionstheorien (im Unterschied zu Entwicklungstheorien) liegt darin, dass sie Strukturänderungen aus einem durch das System nicht koordinierten Zusammenwirken verschiedener evolutionärer Funktionen erklären. Es müssen massenhafte Variationen vorkommen, die einem positiven/negativen Selektionsprozess unterworfen werden, der seinerseits zu Resultaten führt, die im System restabilisiert werden können [...]. Von Evolution spricht man ja typisch dort, wo Zweifel an der rationalen Selbstkontrolle von Entwicklungsprozessen aufkommen.« (OuE, 351 f.)

In diesen Bemerkungen wird ein weiterer Aspekt deutlich, der für die luhmannsche Auffassung gesellschaftlicher Evolution wie für neuere Evolutionstheorien überhaupt zentral ist: die Betonung der hohen Zufälligkeit und Kontingenz evolutiver Veränderungen. »Im Falle der Unterscheidung von Variation und Selektion und von Selektion und Restabilisierung wird die Grenze als *Zufall* bezeichnet, das heißt: als Negation jedes systemischen Zusammenhangs der evolutionären Funktionen. Man kann demnach nicht wissen (nicht beobachten), ob Variationen zur positiven oder negativen Selektion der Neuerung führen; und ebensowenig, ob eine Restabilisierung des Systems nach der positiven bzw. negativen Selektion gelingt oder nicht. Und eben das: daß man es nicht wissen, nicht berechnen, nicht planen kann, ist diejenige Aussage, die eine Theorie als Evolutionstheorie auszeichnet.« (GdG, 426)

Mit diesem Aspekt hängt eine dritte wesentliche Facette der luhmannschen Sicht auf soziale Veränderungen zusammen. Mit der hohen Zufälligkeit geht einher, dass Evolution wesentlich entwicklungsoffen und nicht zielgerichtet ist. Luhmann stellt dieses Moment in seinen Ausführungen zum Evolutionsbegriff deutlich heraus. Mit großer Klarheit betont er eine Auffasung von Evolution, die in keiner Weise teleologisch, also auf die Annahme eines Entwicklungsziels ausgerichtet ist. Aus dem evolutiven Fortgang gesellschaftlicher Veränderungen lässt sich damit keine Theorie des Fortschritts ableiten.

Damit wird jeglichen sozialbiologistischen Anmaßungen, die irgendein Prinzip »natürlicher Selektion« in Anschlag bringen wollen, eine Absage erteilt. Ebenso lässt sich daraus auch keine Idee der evolutiven Ausrichtung auf etwaige Rationalitätsvorteile konstruieren. Mitnichten streben (soziale) Systeme danach, eine zunehmend bessere Anpassung an ihre Umwelterfordernisse zu ermöglichen. Denn Evolutionsprozesse richten sich letztlich nicht auf die Anpassung des Systems an seine Umweltbedingungen aus, sondern orientieren sich an der Aufrechterhaltung der eigenen Autopoiese. Genau dies wird ja betont, wenn Luhmann eben nicht nur die Unterscheidung von Variation und Selektion zur evolutiven Kennzeichnung benutzt, sondern mit der Ergänzung durch das dritte Moment der Restabilisierung die notwendige Rückführung der Strukturänderung in die Autopoiese unterstrichen wird. Jegliche Restabilisierungsmöglichkeit bemisst sich an den Erfordernissen der prozessbasierten und strukturbedingten Selbstreproduktion des Systems. Luhmann betont in der ihm eigenen Unaufgeregtheit, dass »die Evolutionstheorie keine Theorie des Fortschritts ist. Sie nimmt Emergenz und Destruktion von Systemen mit Gleichmut hin.« (GdG, 428)

Darüber hinaus sind die Überlegungen Luhmanns unter einem weiteren Gesichtspunkt bemerkenswert. Denn auch für gezielte Planungen zu strukturellen Eingriffen in soziale Systeme mahnen seine evolutionstheoretischen Auffassungen Zurückhaltung an. Das gilt in doppelter Hinsicht: Einmal lässt sich die deutliche Absage an prognostische Aussagen zur zukünftigen Entwicklung sozialer Systeme erkennen. Darauf weist die hohe Zufälligkeit und Ungerichtetheit evolutiver Prozesse hin. Zum anderen steckt in den Aussagen Luhmanns ein Hinweis auf die enorme Schwierigkeit intervenierender Einwirkungen auf Verläufe sozialer Evolution. Denn alle Restabilisierungen müssen sich letztlich an der Logik autopoietischer Schließung orientieren. Dadurch ist jegliches Einwirken auf den Gang der strukturellen Fortentwicklung mit einer hohen Unkalkulierbarkeit behaftet – fernab eines linear-kausalen Durchgreifens.

Es ist leicht vorstellbar, dass diese Schwierigkeiten sich bedeutsam in diversen Lenkungsfeldern unserer Gesellschaft auswirken. Wenn wir die luhmannsche Dreiteilung von Gesellschaft, Organisation und Interaktion im Hinterkopf behalten, ließe sich einmal für jeden Systemtypus ein spezifisches Handlungsfeld finden, das sich solche Steuerungsansinnen zu einem zentralen Gegenstand macht. Man denke dabei einmal an den Bereich der Politik hinsichtlich des Systems Gesellschaft, an den Bereich der Organisationsentwicklung hinsichtlich des Systemtyps der Organisation und an das Feld der therapeutischen Intervention im Hinblick auf Interaktionssysteme.

Für alle drei Felder gibt es, wenigstens in der öffentlichen Rhetorik, eine starke (Selbst-)Zumutung strukturlenkender Eingrifftätigkeit. Ob nun die Politik unterschiedlichste Ansinnen kommuniziert, gesellschaftliche Zustände, Abläufe und Entwicklungen massiv gestalten zu wollen; ob im organisationalen Management verschiedenartige Bestrebungen der Anbahnung, Lenkung und Sicherung struktureller Innovationen initiiert werden; ob therapeutische wie beraterische Eingriffe, Anleitungen oder Hilfestellungen zur Veränderung problematischer Strukturen versucht werden: in allen diesen Feldern kursieren bisweilen starke Überzeugungen von der eigenen Handlungs- und Interventionsmöglichkeit.

Doch sie sind mit den luhmannschen Einsichten in die per se unmögliche Finalisierung von Struktureingriffen nicht recht vereinbar. Sicherlich tragen Hoffnungen, die von außen an diese Handlungsbereiche herangetragen werden, zum Erhitzen entsprechender Semantiken bei. Problematisch wird es aber, wenn die professionell handelnden Akteure in den entsprechenden Terrains bei ihren intervenierenden Bemühungen auch tatsächlich an solche Einwirkmöglichkeiten glauben. Sie könnten vor dem Hintergrund neuer evolutionstheoretischer Auffassungen gesellschaftlicher Veränderungen, wie sie etwa bei Luhmann ausgeführt und zu einem Gesamtbild zusammengesetzt werden, eines Besseren belehrt werden.[11]

Damit ist keineswegs eine generelle Absage an Reformbestrebungen erteilt. Und schon gar nicht soll ein Wille zur Veränderung von Verhältnissen untergraben werden. Es könnte jedoch allzu großer Naivität vorgebeugt werden, die in bedauerlicher Selbsttäuschung die vorhandenen Motivationsressourcen vergeudet.

Luhmann betont hinsichtlich reformerischer Bemühungen in Organisationen, was sicherlich auch für andere soziale Systeme anzunehmen ist:

»Aus der Schwierigkeit, wenn nicht Unmöglichkeit, Reformen auf der Linie von beabsichtigten Wirkungen zu halten und die angestrebten Ziele zu erreichen, darf man deshalb nicht auf Wirkungslosigkeit schließen. [...] Nur in der Absicht, auf diesem Weg auf die Entscheidungspraxis des Systems durchgreifen zu können, sie rationaler, effizienter, wirtschaftlicher, demokratischer, menschenfreundlicher oder wie immer einrichten zu können, wird man Enttäuschungen erleben. [...] Das schließt keineswegs aus, dass

Reformen im System als Erfolg angesehen werden; aber dies vermutlich eher dann, wenn sie im Laufe ihrer Implementation an die bisher schon übliche Praxis so weit angepasst werden können, dass es schließlich nicht so schlimm kommt, wie man befürchtet hatte, und man eine Versöhnung der Vernunft mit der Wirklichkeit feiern kann.« (OuE, 341 f.)

Am Rückbezug auf ein daran geschultes Wissen wird man möglicherweise die intelligenteren Bemühungen um strukturelle Veränderungen erkennen. Aber auch über deren Folgewirkungen entscheidet letztlich nur der Prozess der Evolution.

Differenzierung der Gesellschaft

Die bisherigen Ausführungen und Erläuterungen zum Evolutionsbegriff haben gezeigt, wie sich das Stabilitätsproblem sozialer Systeme äußert. Autopoietische Systeme existieren in einer Umwelt, die immer erheblich komplexer ist als die jeweiligen Systeme selbst. Dieses deutliche Komplexitätsgefälle ist eine wesentliche Komponente der Kopplungsbedingungen, denen jedes System unterworfen ist. Die notwendigen Kopplungen des Systems an seine Umwelt konfrontieren es auch mit deren Komplexität. Das System geht diese Herausforderung an, indem es Strukturen entwickelt, die der Reduktion von Umweltkomplexität dienlich sind und dazu punktuell auf Irritationen, die der Umwelt zugerechnet werden, reagieren können. Diese Reaktionsnötigung hinsichtlich der Umweltirritationen ist das Einfallstor evolutiver Veränderungen. Und diese wiederum sind mögliche Generatoren endogener Irritationen.

Das Komplexitätstreatment des Systems, das sich in permanenten Versuchen der Reduktion von Umweltkomplexität zeigt, führt im System zum Aufbau von Binnenkomplexität. Der Aufbau und die mögliche Fortentwicklung interner

Strukturen sind die Merkmale dieses Mechanismus. All diese strukturellen Fortentwicklungen sind stets auf die Fortsetzung der autopoietischen Selbstreproduktion des Systems ausgerichtet. Der Komplexitätsaufbau im System lässt sich als eine Form strukturellen Wachstums auffassen. Auf dieses Wachstum reagiert das System mit Differenzierung. »Differenzierung ist notwendig, könnte man resümieren, zur Erhaltung von Kohäsion [also des inneren Zusammenhangs] unter der Bedingung von Wachstum.« (GdG, 596)

Im Laufe ihrer soziokulturellen Evolution nehmen Gesellschaften immer neue Formen an. Luhmann charakterisiert solche Zuschnitte von Gesellschaften hinsichtlich der prinzipiellen Schemata, mit denen sich die gesellschaftlichen Binnendifferenzierungen ausdeuten lassen. Er unterscheidet in geschichtlicher Retrospektive vier grundlegende Differenzierungsformen. Diese umfassen einmal die segmentäre Differenzierung, zum anderen die Differenzierung nach Zentrum und Peripherie, als Drittes die stratifikatorische Differenzierung und schließlich die funktionale Differenzierung. Diese Formen sollen nun etwas näher erläutert werden.

Alle vier Differenzierungsformen markieren einen charakteristischen strukturellen Ist-Zustand von Gesellschaften. Für alle verschiedenen Formen solcher Binnendifferenzierungen von Gesellschaftssystemen hält Luhmann eine einheitliche Differenzierungslogik fest: Bei jeder Systemdifferenzierung »wird das System, in dem weitere Systeme entstehen, rekonstruiert durch eine weitere Unterscheidung von Teilsystem und Umwelt. Vom Teilsystem aus gesehen, ist der Rest des umfassenden Systems jetzt Umwelt. Das Gesamtsystem erscheint für das Teilsystem dann als Einheit der Differenz von Teilsystem und Teilsystemumwelt. Die Systemdifferenzierung generiert, mit anderen Worten, systeminterne Umwelten.« (GdG, 597) Die jeweilige Differenzierungsform bestimmt dann, wie die einzelnen Teilsysteme einer Gesellschaft strukturell miteinander gekoppelt sind.

Die genannten vier Differenzierungsformen lassen sich nach ihrem Auftauchen im gesellschaftlichen Evolutionsprozess historisch staffeln. Das deutet jedoch keinesfalls auf geschichtsphilosophische Grundannahmen in Luhmanns Theorie hin. Mitnichten hat er mit der erläuterten Abfolge der vier Differenzierungsformen im Sinn, eine Zielrichtung geschichtlicher Entwicklung anzudeuten. Auch lehnt er jede Annahme einer historisch obligaten Stufenfolge zu kontinuierlicher Höherentwicklung ab. Könnte man das Rad der Zeit zurückdrehen, so wäre bei einem geschichtlichen Neubeginn menschlicher Gesellschaftsentwicklung nicht abzusehen, welche Differenzierungsformen sich evolutiv etablieren könnten.

Die einzige Beobachtung, die Luhmann als nicht zufällig herausstellt, ist die der zunehmenden Komplexität in der Abfolge der Differenzierungsformen. Es mag eine Art von Strukturbegrenzung für eine gesellschaftliche Differenzierung geben, die bei bestimmten Komplexitätsbelastungen die Ausbildung neuer Differenzierungsmuster und die Ablösung der bestehenden Differenzierung durch eine neue begünstigt. Die Umbrüche gesellschaftlicher Differenzierung scheinen dann nicht hinter die Komplexität der alten Differenzierung zurückzufallen. Vielleicht lassen sich einmal etablierte Niveaus kommunikativer Prozesse hinsichtlich ihrer Bearbeitungsmöglichkeiten nicht ignorieren und zurückschrauben. Die Annahme einer kontinuierlichen Komplexitätssteigerung bei der gesellschaftlichen Differenzierung ist jedoch nicht mit einer Zielausrichtung im geschichtlichen Fortgang der Gesellschaftsentwicklung zu verwechseln.

Den ersten Typ der segmentären Differenzierung bezieht Luhmann auf frühe Gesellschaften, die nach dem Prinzip der Abstammung beziehungsweise Verwandtschaft oder der lokalen Residenz gegliedert sind. Diese Gesellschaften sind aus lokalen Siedlungsgruppen zusammengesetzt, aus Verwandtschaftseinheiten oder Clans oder Familien. Die nach solchen

Merkmalen geformten gesellschaftlichen Teilsysteme sind prinzipiell ähnliche Gebilde. Solche Zurechnungseinheiten formen dann eine relativ übersichtliche Struktur archaischer Gesellschaften. Der kommunikative Einzugsbereich dieser gesellschaftlichen Teilsysteme ist klein, denn er basiert auf Interaktion. Die Gesellschaft stellt ihre innere Konstitution auf mündlichen Austausch ab. Allein auf der Grundlage von direkter Kommunikation unter Anwesenden werden die Möglichkeiten gesellschaftlicher Beobachtung in den Teilsystemen organisiert. Der Austausch unter den gesellschaftlichen Einheiten ist dann in seiner Komplexität stark begrenzt.

Die zweite Differenzierungsform nach Zentrum und Peripherie kann dann unmittelbar an die segmentäre Differenzierung andocken. Wenn in das einfache Gefüge gesellschaftlicher Teilsysteme ein ordnendes Territorialprinzip eingeführt wird, kann sich eine Gesellschaft etwa deutlich entlang einer Unterscheidung von Stadt und Land ordnen. Dadurch entstehen klare zweiwertige Hierarchisierungen. Das Zentrum (die Stadt) ist der Ausgangspunkt regelnder Kommunikation, die sich nun von dort aus in die Peripherie (das Land) verbreitet. Gleichzeitig entstehen entlang dieser Unterscheidung massive kommunikative Herausforderungen, denn es ist nun ein mitunter großes Problem, die dichte Kommunikation des Zentrums adäquat in die Peripherie zu übersetzen.

Die dritte Differenzierungsform der Stratifikation kann nun unterschiedlich ansetzen. Möglich ist beides: Stratifikation kann sich im historischen Fortgang aus etablierter segmentärer Differenzierung herausbilden oder aber bei Zentrum-Peripherie-Differenzierung sich zunächst im ausgeprägten städtischen Zentrum entwickeln, von dort aus die Peripherie neu ordnen und zum umspannenden basalen Differenzierungsprinzip werden. Vormoderne Hochkulturen sind dafür ein anschauliches Beispiel.

Spätestens an dieser Stelle wird deutlich, warum Luhmann

stets von primären Differenzierungsformen spricht. Im historischen Prozess gesellschaftlicher Evolution werden sich schwerlich Zeitpunkte des abrupten und vollständigen Umschlagens einer bestehenden Differenzierungsform in eine gänzlich neue finden lassen. Vielmehr wird sich das gesamte Strukturgefüge sukzessive umformen. Dabei können einzelne gesellschaftliche Bereiche oder Teilsysteme durchaus eine sprunghafte und plötzliche Veränderung ihres Aufbaus erfahren. Solche historischen Markierungen lassen sich bei ökonomischen Krisen und Zusammenbrüchen, kriegerischen Interventionen, revolutionären Umwälzungen etc. identifizieren. Jedoch werden solche Umformungen in Gestalt evolutionärer Krisen schwerlich eine komplett gewandelte Differenzierung der Gesamtgesellschaft hinterlassen. Vielmehr lassen sich für alle historischen Etappen ältere und neuere Differenzierungsformen nebeneinander feststellen.

So finden sich denn schon stratifikatorische Elemente in gesellschaftlichen Zentren, während sich in der Peripherie noch offensichtliche Merkmale einer segmentären gesellschaftlichen Verfassung aufzeigen lassen. Stratifikation bedeutet eine starke Hierarchisierung der Gesellschaft, eine klare Vertikalität ihres sozialen Aufbaus. »Von Stratifikation wollen wir nur sprechen, wenn die Gesellschaft als Rangordnung repräsentiert wird und Ordnung ohne Rangdifferenzen unvorstellbar geworden ist.« (GdG, 679) Die gesellschaftlichen Teilbereiche werden in deutliche Semantiken sozialer Ungleichheit eingebettet. Adel und Volk (mit weiteren Binnendifferenzierungen) werden scharf unterschieden, ihre rangliche Ungleichheit konstituiert den Austausch zwischen den neuen gesellschaftlichen Teilsystemen.

Das Prinzip der Stratifikation verankert die gesellschaftliche Oberschicht als ordnungsleitende Größe. »Dabei ist mit Oberschicht, also mit stratifikatorischer Differenzierung, eine Ordnung von Familien, nicht von Individuen gemeint, also eine soziale Prämiierung von Herkunft und Anhang. Und im Verhältnis zu heute geltenden Ordnungsvorstellungen kommt es darauf an, daß die Schichtzugehörigkeit multifunktional wirkte, also Vorteile bzw. Benachteiligungen in so gut wie allen Funktionsbereichen der Gesellschaft bündelte.« (GdG, 679)

Stratifizierte Gesellschaften wie etwa die mittelalterliche etablieren ein festes Ordnungsgefüge sozialer Hierarchie mit dem Adel im Zentrum. Innerhalb des Adels orientiert sich die Kommunikation dann an der Gleichheit der Adelsfamilien, die durch das Prinzip der Endogamie (also der Heirat nur unter Gleichen) gesichert wird.

Die Form der Stratifikation wird schließlich abgelöst durch funktionale Differenzierung. Sie setzt sich im Zuge gesellschaftlicher Modernisierung durch, wie wir sie auch heute in unserer Gesellschaft kennen. Funktionale Differenzierung meint, dass sich in der Gesellschaft einzelne Bereiche mit kommunikativer Spezialbehandlung entwickeln. In der Moderne entstehen spezifische Diskursbereiche, die sich gezielt auf Politik, Wirtschaft, Wissenschaft oder Erziehung beziehen. Dies geschieht zunächst noch unter dem Primat segmentärer Differenzierung. Gerade in den gesellschaftlichen Oberschichten von mittelalterlichen Feudalgesellschaften bilden sich spezialisierte Kommunikationen heraus, Bereiche, in denen ökonomische, politische oder herrschaftsrechtliche Fragestellungen jeweils gezielt behandelt werden und entsprechendes Wissen angesammelt wird.

Solche kommunikativen Verdichtungen führen zur ersten Bildung von Funktionssystemen, die sich auch in der Entstehung von Organisationen zeigen, in denen die kommunikativen Spezialisierungen verortet sind. Es entwickeln sich dann sukzessive etwa ein Finanzsystem, ein Apparat politischer Administration, Universitäten und ein Wissenschaftssystem, künstlerische Zentren und Bewegungen, ein System der Krankenbehandlung, erzieherische Diskurse und ein schulisches System. Diese Zusammenhänge formen allmählich, aber mit immer festeren Konturen jeweils eigene thematische Zugriffe und Wissensbestände und schleusen sie in das Alltagsgeschehen der Gesellschaft ein.

Solche kommunikativ eigensinnigen Bereiche entwickeln schließlich Binnenstrukturen, die sich mehr und mehr an spezialistisch definierten thematischen wie funktionalen Aufgaben ausrichten. Es bilden sich Strukturen autopoietischer Abgrenzung. »Entscheidend ist, daß irgendwann die Rekursivität der autopoietischen Reproduktion sich selbst zu fassen beginnt und eine Schließung erreicht, von der ab für Politik nur noch Politik, für Kunst nur noch Kunst, für Erziehung nur noch Anlagen und Lernbereitschaft, für die Wirtschaft nur noch Kapital und Ertrag zählen und die entsprechenden gesellschaftsinternen Umwelten – und dazu gehört dann auch Schichtung – nur noch als irritierendes Rauschen, als Störungen oder Gelegenheiten wahrgenommen werden.« (GdG, 708)

Die Funktionsbereiche, die sich nun bilden und die ein zunehmendes Eigenleben entwickeln, stehen also zunächst noch stark unter dem Einfluss stratifikatorischen Reglements. Die feudalen Oberschichten versuchen, aus den überlegenen Positionen innerhalb der gesellschaftlichen Hierarchie den Kommunikationen in den neuen funktionalen Bereichen Orientierung und Kriterien zu geben. Doch die Funktionsbereiche entwickeln ein immer größeres Eigenleben, orientieren sich zunehmend an herauspräparierten Binnenkonturen. Bald schon ist nicht automatisch mehr wissenschaftlich wahr, was dem Landesfürsten gefällt, ist die Kreditfähigkeit nicht per se mehr gekoppelt an eine gute Erziehung oder der Künstler ästhetisch am innovativsten, der in den Salons die höchsten Verkaufspreise erzielt. Die auf einzelne Funktionen hin ausgerichteten gesellschaftlichen Teilsysteme werden zunehmend blind für Einflussgrößen, die ihre Legitimation von außen, also aus der innergesellschaftlichen Umwelt beziehen. Hierin lassen sich die Ansätze ihrer eigenen reproduktiven Schließung (Autopoiese) und die damit einhergehende Immunisierung gegenüber den Imperativen stratifikatorischer Hierarchien erkennen.

All dies hat gravierende Konsequenzen für den Aufbau und die Stabilität der Gesellschaft. Funktionale Differenzierung wird im historischen Fortgang dann zur primären Differenzierungsform. Die Gesellschaft gibt den strukturellen Vorrang von Stratifikation auf, deren scharfe Hierarchisierung der gesellschaftlichen Schichten verliert ihre Ordnungsfunktion. Fortan erbringen einzelne Teilsysteme jeweils spezifische Funktionen für die Gesellschaft, an denen sie sich kommunikativ ausrichten.

Die an Zahl zunehmenden Teilsysteme erfüllen nun jeweils spezialistisch eine typische Funktion innerhalb des Gesellschaftssystems. Sie bilden insofern höchst verschiedene Konturen der jeweiligen Beobachtung gesellschaftlicher Kommunikation aus. Doch in ebendieser funktionalen Verschiedenheit liegt auch ihre Gleichheit. Denn in der gegenseitigen funktionalen Nicht-Ersetzbarkeit besteht nun die Gemeinsamkeit aller dieser Funktionssysteme. So tritt an die Stelle der Hierarchien in der Ordnung stratifizierter Gesellschaften jetzt die horizontale Ordnung, die Heterarchie verschiedener Teilsysteme in der funktional differenzierten Gesellschaft.

Gegenüber der normativ und regulativ stark zentralisierten stratifizierten Gesellschaft entwickelt die funktional differenzierte Gesellschaft mit ihren spezialisierten Teilsystemen ein enormes Thematisierungspotenzial. Die Funktionssysteme können nun, entfesselt von den vormaligen strukturellen Begrenzungen, quasi grenzenlose Beobachtungen ihrer gesellschaftlichen Umwelt anstellen und in den eigenen kommunikativen Behandlungsraum integrieren. Sein sich immer feiner ausdifferenzierender Beobachtungsapparat erlaubt es jedem Funktionssystem, die ganze Welt durch die je eigene funktionale Brille zu betrachten und diese Beobachtungen in vielfältigen gesellschaftsinternen System/Umwelt-Kopplungen zu thematisieren. Dadurch entsteht eine historisch

neue Dimension universeller kommunikativer Thematisier-
barkeit und globaler Vernetzung. Luhmann bezeichnet diese
vieldimensional querverbundene gesellschaftliche Kommunikation als Weltgesellschaft.

Die grenzenlosen Themenhorizonte und die enorme kom-
munikationstechnologische Verdichtung, die unser heutiges
Leben kennzeichnen, markieren eine gesellschaftliche Realität, die »uns festlegt auf die Annahme eines einzigen Welt-
gesellschaftssystems, das gleichsam pulsierend wächst oder
schrumpft, je nachdem, was als Kommunikation realisiert
wird. Eine Mehrheit von Gesellschaften wäre nur denkbar,
wenn es keine kommunikativen Verbindungen zwischen
ihnen gäbe.« (GdG, 78)

Wie nun diese funktional differenzierte Gesellschaft in ihrem
Inneren verfasst ist, wie sie das Nebeneinander der Teilsysteme und deren Austausch regelt und welche Position den
Individuen in einer solchen Gesellschaft zukommt, das soll
uns im folgenden, abschließenden Kapitel beschäftigen.

Funktionale Differenzierung und Individualität

Das heutige Leben findet unter den Vorzeichen funktionaler Differenzierung statt. Viele der Anforderungen und Schwierigkeiten, die unter einer Überschrift wie »Leben im modernen Alltag« beschrieben werden könnten, verweisen auf Kernmerkmale und Strukturbedingungen innerhalb eines funktional differenzierten Gesellschaftssystems. In diesem Kapitel, das den knappen Überblick über die luhmannsche Theorie beschließt, sollen noch einige wenige zentrale Aspekte der funktional differenzierten Gesellschaft betrachtet werden.

Die Funktionssysteme

Mit der funktionalen Differenzierung entstehen in der Gesellschaft sogenannte Funktionssysteme. Das sind Systeme innerhalb des Gesellschaftssystems, die füreinander Umwelten bilden. In der luhmannschen Theorie finden wir eine ganze Reihe solcher Funktionssysteme. Luhmann hat sich in seiner Arbeit ausführlich mit den Systemen von Wirtschaft, Wissenschaft, Recht, Kunst, Massenmedien, Politik, Religion und Erziehung auseinandergesetzt.[12] Jedes dieser gesellschaftlichen Teilsysteme richtet sich auf die spezialistische Bedienung einer zentralen Funktion aus. Anders formuliert: Das Gesellschaftssystem transportiert basale Problemstellungen, auf deren Lösung das jeweilige Funktionssystem dann ausgerichtet ist. So bearbeitet etwa das Wirtschaftssystem das Problem der Knappheit von Gütern, das Wissenschaftssystem das Problem der Erzeugung und des Aufbaus neuen Wissens oder das Politiksystem das Problem der Herstellung kollektiv bindender Entscheidungen. Jedes der

Funktionssysteme fokussiert seinen Beobachtungsapparat auf die Lösung dieser jeweiligen gesellschaftlichen Probleme. Fortwährend tastet ein Funktionssystem die auflaufende Kommunikation hinsichtlich solcher problemkompatibler Irritationen ab. Es beobachtet seine gesellschaftsinterne Umwelt auf Indizien für Anforderungen, die in den eigenen Funktionsbereich fallen.

So korrespondiert mit der funktionalen Spezialisierung jedes einzelnen Teilsystems eine Generalisierung des eigenen Beobachtungsrasters. Die Totalität der in der gesellschaftlichen Kommunikation präsenten Welt kommt dabei zur Beobachtung. Diese Gesamtheit sinnhafter Inhalte, die in der Gesellschaft kommuniziert werden, bewertet jedes Funktionssystem stets nur unter dem Aspekt der eigenen Funktionsorientierung. Es ist, als ob die ganze gesellschaftliche Welt nur unter dieser schmalen Perspektive der je eigenen Funktion des Teilsystems zur Geltung kommt. Das Funktionssystem universalisiert so einen eigenen Resonanzkorridor. Nur innerhalb dieses spezifischen schmalen Ausschnitts sind die Teilsysteme irritabel. Dieses Moment haben die Funktionssysteme, bei all ihrer funktionalen Verschiedenartigkeit, miteinander gemeinsam.

Um Informationen aus der gesellschaftlichen Kommunikation gewinnen zu können, benötigen die Funktionssysteme sozusagen ein Beobachtungsleitsystem. Mit einem solchen Mechanismus können dann relevante Informationen vom Funktionssystem ausgefiltert werden. Luhmann nimmt hierfür besondere binäre Schematismen an, die er Codes nennt. Jedes Funktionssystem verwendet einen solchen eigenen binären Code, mit dem es Kommunikation auf ihre Relevanz hin scannt. Das Wirtschaftssystem verwendet den Code Haben/Nichthaben, das Wissenschaftssystem den Code wahr/unwahr, das Rechtssystem den Code Recht/Unrecht, das Kunstsystem den Code schön/hässlich, das System der Massenmedien den Code Information/Nichtinformation, das Politiksystem den Code Machtbesitz/Machtverlust, das Religionssystem den Code Immanenz/Transzendenz, das Erziehungssystem den Code vermittelbar / nicht vermittelbar.

Der Code ist also ein Schema der Informationsverarbeitung. »Aufgrund von Codierungen kann ein Kommunikationssystem Information erzeugen und verarbeiten. Information ist dabei eine rein systeminterne Form der Behandlung von Ereignissen (und nicht etwas, was in der Umwelt als Information schon vorhanden wäre und ohne Identitätsverlust in das System übertragen werden könnte). Differenzen sind Informationspotentiale, sind Möglichkeiten, über etwas als ›dies und nichts anderes‹ zu kommunizieren, und Informationsverarbeitung kann dann als Erzeugung von Differenzen durch Differenzen begriffen werden.« (SozAuf 4, 15 f.) Jedes Funktionssystem richtet seine Weltbeobachtung am eigenen Code aus, kann aus dem Rauschen der Kommunikation dort Information gewinnen, wo der Code passt und informative Differenzen erzeugt. Die Information, die der Kommunikation dann entnommen werden kann, ist für jedes Funktionssystem eine andere und kann in dieser Form nur systemintern relevant werden.

Nehmen wir an, es ereignet sich ein schwerer Autounfall. Das System der Massenmedien wird dieses Ereignis auf seinen Informationswert überprüfen. Es wird dann wichtig sein, schnell am Ort des Geschehens zu sein, damit die Information über den Unfall noch wirklich eine Information ist. Das Besondere oder Skandalöse oder Folgenreiche des Ereignisses ist von Interesse, da es der Berichterstattung erhöhten Informationswert verleihen kann.

Für die Politik mag interessant sein, ob sich die Menschen des betreffenden Wohnumfeldes auf ihren Verkehrswegen sicher fühlen, ob im verkehrspolitischen Verantwortungsbereich bezüglich der Straßenführung Fehler gemacht worden sind oder ob das Ereignis in besonderem Maße die Notwendigkeit von Geschwindigkeitsbegrenzungen auf den hiesigen Straßen unterstreicht und welche Akzeptanzchancen das hätte.

Das Rechtssystem wird vielleicht die Schuldfrage zu klären haben, möglicherweise die versicherungsrechtliche Brisanz der Unfallfolgen entdecken oder auf die straßenverkehrsrechtlichen Versäumnisse des Gesetzgebers hinweisen wollen.

Für das Wirtschaftssystem könnten sich interessante Hinweise auf notwendige sicherheitstechnische Installationen in Personenwagen ergeben, im schlimmeren Fall vielleicht Schadensersatzforderungen wegen mangelhafter Fahrzeugkonstruktion zu befürchten sein oder bauwirtschaftliche Hoffnungen auftauchen, weil die Kommunalpolitik nun endlich neue Straßenführungen erwägt.

Etliche weitere Informationseinheiten wären für andere Funktionssysteme konstruierbar, etwa für die Wissenschaft hinsichtlich empirisch nachweisbarer Zusammenhänge von Verkehrsführung und Unfallhäufigkeit oder für das Erziehungssystem hinsichtlich steigender Dringlichkeit einer möglichst früh einsetzenden Verkehrserziehung.

Das Beispiel gibt einen Eindruck davon, in welchem Maße »eigensinnig« die Informationsgewinnung der Funktionssysteme ist. Dies ist ein deutlicher Hinweis auf die autopoietische Geschlossenheit der einzelnen Systeme, auf die Selbsterzeugung behandelbarer Informationswerte. Dabei bilden freilich die Funktionssysteme füreinander Umwelten. Doch die ausgeschleuste Kommunikation eines Funktionsbereichs kann nur dann wieder mit einem (nun ganz anderen) Informationswert versehen sein, wenn sie unter den Bedingungen eines weiteren Funktionssystems anschließbar ist. So entstehen hochkomplexe Kopplungsketten. Dabei werden identische Ereignisse zu ganz verschiedenen Ereignissen.

So könnte im Unfallbeispiel die Entscheidung eines Gerichts über Schadensersatzforderungen (leicht zu fällen, da die Beweislage durch wissenschaftliche Gutachten eindeutig war) für den Hersteller gravierende betriebswirtschaftliche Folgen haben (die nun eine folgenschwere ökonomische Krise im Unternehmen auslösen), während schon lange keine

Nachrichten mehr über den Unfall gesendet werden (es sei denn nun über die spektakuläre Entlassungswelle in einem Werk des Automobilherstellers) und die Politik das Ereignis von einem Ressort in ein anderes überträgt (da dem zuständigen städtischen Beauftragten eine fahrlässige Unterlassung von hinlänglichen Sicherheitsmaßnahmen in der Verkehrsplanung nicht nachgewiesen werden konnte, aus den Nachrichten aber eine massive Arbeitsplatzgefährdung für die Beschäftigten eines Automobilherstellers in der städtischen Region bekannt wurde).

Wir erkennen an dieser Beispielkonstruktion das komplizierte Netzwerk, das aus den Wechselbeziehungen der Funktionssysteme zueinander entsteht. Dabei stellt jedes der Teilsysteme seine eigene Weltbeobachtung nur nach Maßgabe des eigenen Codes an. So beobachtet jedes Funktionssystem das jeweilige Geschehen gewissermaßen unter einer Monokultur seines eigenen Codes. Diese Alleingültigkeit seines Codes verweist auf die autopoietische Schließung des Funktionssystems, auf die ja alle seine Prozesse ausgerichtet sind.

Nun ist das einfache binäre Schema dieser Codes jedoch ein viel zu grobes Raster für eine differenzierte Umweltbeobachtung. Die Funktionssysteme müssen die schlichte Zweiwertigkeit ihrer Codes sozusagen umrechnen auf die jeweils beobachteten Umweltirritationen. Solche Umrechnungs- oder Anwendungsschemata, die sie dazu generieren, nennt Luhmann Programme. Die Programme sind dann mitunter sehr ausdifferenziert und äußerst flexibel. Mit ihnen verschafft sich das Funktionssystem brauchbare Kriterien, um unter komplexen Umweltbedingungen den eigenen Code platzieren zu können. Verweisen die Codes also auf die autopoietische Schließung der Teilsysteme, so garantieren die Programme das notwendige Maß ihrer Umweltoffenheit und Irritabilität.

Wie kann man sich solche Programme vorstellen? Im Wirtschaftssystem beispielsweise sind das Schemata und Kriterien für die Bemessung von Preisen: Welcher Preis ist notwendig, wann ist eine Zahlung zu hoch, welcher Umsatz muss angestrebt werden? Für das Rechtssystem stellen Gesetze und Verfahren die Programme dar. Erst sie machen es möglich, auf unterschiedlichste Rechtsfälle den Code des Systems anzuwenden. Im Wissenschaftssystem stellen unterschiedlichste Theorien und Methoden die gültigen Programme dar. Mit ihrer Hilfe werden die angestellten Weltbeobachtungen auf die Unterscheidung von wahr/falsch hin überprüft. So ist in diesem Zusammenhang etwa auch die luhmannsche Theorie sozialer Systeme ein solches Programm des Funktionssystems Wissenschaft.

Dieses Beispiel der luhmannschen Theorie macht zudem deutlich, dass Programme selbst wieder kommunikative Zusammenhänge sind. Als solche können sie zwischen den verschiedenen Teilsystemen hin und her bewegt werden. Dann kommen sie freilich unter Beobachtung ganz verschiedener Programme und Codes.

Bemisst sich der Wert der luhmannschen Theorie im Funktionssystem Wissenschaft ausschließlich am ermittelten Wahrheitsgehalt der Theorie (dies in Konkurrenz zu anderen Theorien), so würde sie im Wirtschaftssystem nach dem zu erzielenden Preis gehandelt werden. Und keineswegs gilt hier, dass ein kommunikativer Gegenstand umso gewinnträchtiger ist, je wahrer er ist. Doch es gibt gewisse Querverbindungen: Kann eine Theorie im Wissenschaftsbereich nicht reüssieren, weil ihre Stichhaltigkeit äußerst zweifelhaft ist, wird sich schwerlich ein Verlag finden, der ein solches Theorieangebot verkaufen würde. Und auch umgekehrt gibt es Irritationsmöglichkeiten: Sieht ein Verlag ein gutes Umsatzpotenzial in einer Theoriepublikation (oder in einer einführenden Darstellung wie dieser hier), so könnte die mit der Veröffentlichung einsetzende Verbreitung der Theorieinhalte auch zu einer gesteigerten Rezeption im Wissenschaftsbereich führen. Nichtsdestotrotz wird eine Theorie durch die erzielte Auflage nicht wahrer.

Die Programmkriterien beider Teilsysteme wären etwa für das Rechtssystem wiederum völlig unerheblich. Es würde seine eigenen Programme vielmehr zur Anwendung bringen, wenn es zum Beispiel um massive Plagiatsvorwürfe gegen eine wissenschaftliche Theorie ginge. Diese ließen sich für eine juristische Betrachtung der Materie auch nicht ausräumen, wenn darauf hingewiesen würde, dass doch aber alle Darstellungen dem Kriterium der Wahrheit entsprechen. Und eine solche Einschätzung als Plagiat hätte natürlich auch gravierende Konsequenzen für den Verlag – aber nicht wegen der juristischen Feststellung des Plagiats, sondern weil die Auflage zurückgezogen werden müsste oder das Renommee des Verlages insgesamt unter dem Vorfall leidet.

Deutlich wird in dem Beispiel auch, dass in den Funktionssystemen die eine Seite ihrer jeweiligen binären Codes wie eine Art Positivseite fungiert. Es scheint für ein Kommunikationsangebot erstrebenswerter zu sein, als wissenschaftlich wahr zu gelten, als juristisches Recht, als ökonomischer Gewinn etc. Diese kommunikative Motivation zur einen Seite des Codes entsteht durch spezielle Strukturen, die in der Kommunikation mitlaufen. Luhmann nennt sie symbolisch generalisierte Kommunikationsmedien. Sie dienen gewissermaßen als Instrumente zur Erfolgssicherung einer Kommunikation.

Die Funktionssysteme etablieren ihre jeweils eigenen symbolischen Kommunikationsmedien und generalisieren sie im gesellschaftlichen Kommunikationsgeschehen. Luhmann nennt als solche symbolisch generalisierten Kommunikationsmedien etwa: wissenschaftliche Wahrheit, politische Macht, juristisches Recht, Geld. Jedes Funktionssystem verwendet ein solches eigenes Kommunikationsmedium. Das symbolisch generalisierte Kommunikationsmedium fungiert als eine Art Motivator (im kommunikativen, nicht im psychischen Sinne) für die Annahme von Kommunikationsofferten. Dass eine Kommunikation angenommen wird, ist umso wahrscheinlicher, je klarer sie auf Wahrheit, Recht,

Macht, Geld etc. ausgerichtet ist. Mit anderen Worten: Je erkennbarer sie eine Form auf der positiven Seite in dem jeweiligen generalisierten Medium bildet, umso wahrscheinlicher ist, dass das kommunikative Gegenüber zur Annahme der Kommunikation zu bewegen ist.

Dieses Hinlenken zur Annahme eines Kommunikationsangebots wird besonders wichtig, wenn die Kommunikation nicht im direkten interaktiven Austausch erfolgt, sondern über Verbreitungsmedien zustande kommt. Und das ist, wie im vorigen Kapitel gesehen, gerade in modernen Gesellschaften ein Normalfall. Symbolisch generalisierte Kommunikationsmedien »übernehmen die Funktion, die Annahme einer Kommunikation erwartbar zu machen in Fällen, in denen die Ablehnung wahrscheinlich ist. Sie entstehen erst, wenn es Schrift gibt und die Ablehnung nochmals wahrscheinlicher wird. Sie reagieren auf das Problem, daß mehr Information normalerweise weniger Akzeptanz bedeutet.« (GdG, 316) Die Durchsetzung ihrer Kommunikationsmedien ist für die Funktionssysteme ein wesentliches Element der Selbststabilisierung gerade unter den kommunikativen Vorzeichen einer funktional differenzierten Gesellschaft.

Funktionale Differenzierung ist das jüngste Ergebnis gesellschaftlicher Evolution. Die primäre Differenzierungsform des entstandenen Gesellschaftssystems ist durch das Nebeneinander von Funktionssystemen gekennzeichnet. Dabei regeln die jeweiligen Teilsysteme das Verhältnis zu ihrer sozialen Umwelt nach Maßgabe ihrer Funktionen. Diese stehen nicht-hierarchisch nebeneinander. Wenn auch die einzelnen Teilsystemfunktionen ungleich sind, so sind sie doch alle gleichermaßen unersetzbar in ihrer Funktion für die Gesellschaft. Das heißt: Kein Teilsystem kann die Funktion eines anderen übernehmen, wenn auch jedes der Teilsysteme die ganze Gesellschaft unter dem Primat der je eigenen Funktion beobachtet.

Die funktional differenzierte Gesellschaft ist also durch ein ganz bestimmtes Gefüge von System/Umwelt-Verhältnissen gekennzeichnet. Im Nebeneinander der Funktionssysteme entstehen unterschiedliche Beobachtungen und Beschreibungen der Gesellschaft, die nicht mehr ineinander integrierbar sind. Jedes Teilsystem generiert nun eine eigene, geschlossene »Kontextur« seiner Sicht auf die Gesellschaft. Dieses Phänomen nennt Luhmann Polykontexturalität: Solch ein »soziales System, und besonders natürlich eine Gesellschaft, kann sich selbst gleichzeitig oder im Nacheinander auf ganz verschiedene – wir werden sagen: ›polykontexturale‹ – Weise beobachten. Es gibt also, vom Objekt her, keinen Zwang zur Integration der Selbstbeobachtung. Das System tut, was es tut.« (GdG, 88)

Die Konsequenz dieser Polykontexturalität ist gravierend: Die funktional differenzierte Gesellschaft hat kein Zentrum mehr, von dem aus eine alles überwölbende Gesamtbeschreibung ihrer selbst erfolgen könnte. Das hat Folgen für die soziale Integration.

Das Individuum in der modernen Gesellschaft

Vorläufer der modernen westlichen Gesellschaften waren die traditional gefassten mittelalterlichen Feudalgesellschaften. Dabei handelte es sich um stratifizierte Gesellschaften. In ihnen waren die sozialen Akteure in die vertikalen Hierarchien sozialer Rangordnungen schlüssig eingebunden.

Die stratifizierte, traditionale Gesellschaft platziert ihre Mitglieder in einer klar geschnittenen sozialen Ordnung. Personen werden gemäß ihrer Position in der sozialen Rangordnung angesprochen. Diese Adressierung der einzelnen Person über die Funktionsbereiche hinweg ist einheitlich und auf eine identische Personbeschreibung hin orientiert. Die »Stratifikation regelt die Inklusion von Menschen in die Gesellschaft dadurch, daß sie, bezogen auf Teilsysteme, Inklusionen und Exklusionen festlegt. Man kann nur einer Schicht angehören und ist genau dadurch aus anderen

Schichten ausgeschlossen.« (GdG, 688) Insofern ist der Mensch der mittelalterlichen Feudalgesellschaft verbindlich und eindeutig innerhalb der sozialen Ordnung verankert. Diese Adressierung der Person ändert sich dann mit dem Übergang zur funktionalen Differenzierung.

Im evolutionären Fortgang entbindet sich die Gesellschaft von den stratifikatorischen Formen sozialen Ordnungsdrucks. Die sich verstärkende Ausdifferenzierung verlagert die stratifikatorische Hierarchie in das horizontale Nebeneinander der Funktionssysteme.

Die Verortung der sozialen Akteure in universalisierten Statuspositionen (Geburt, Geschlecht, sozialer Stand, Familie, Verwandtschaft) genügt nun nicht mehr. Die ausdifferenzierten Funktionssysteme fordern eine stärkere Variationsbreite, mehr punktuelle Anschlussmöglichkeiten. Zudem erhebt nun eine vermehrte Zahl sozialer Teilsysteme ein Zugriffsrecht auf die Personen.

Die Gesellschaft gibt die vormalige vollständige Zuschreibung individueller Identitäten auf und gewinnt dadurch an Beweglichkeit. Die sich herausbildenden Teilsysteme adressieren nun eigenständige Anforderungen an die Personen, die ja von den Anforderungen anderer Teilsysteme abgekoppelt sind. »Die Einzelperson kann nicht mehr einem und nur einem gesellschaftlichen Teilsystem angehören. Sie kann sich beruflich/professionell im Wirtschaftssystem, im Rechtssystem, in der Politik, im Erziehungssystem usw. engagieren, und in gewisser Weise folgt der soziale Status den beruflich vorgezeichneten Erfolgsbahnen; aber sie kann nicht in einem Funktionssystem allein leben.« (GuS 3, 158)

In erheblich stärkerem Maße als noch in einer stratifizierten Gesellschaft werden dem Individuum spezifische Teilsystemkompetenzen abverlangt. Eine Vielfalt unterschiedlicher Kommunikationsanforderungen zu bewältigen wird zum Bestandteil des sozialen Alltags. Der Einzelne kann nun erheblich dichter in die Funktionsnotwendigkeiten vielfältiger

Teilsystembereiche einbezogen, *inkludiert* werden. Das Individuum unterliegt also einer verstärkten Inklusion, je feingliedriger sich die gesellschaftlichen Teilsysteme ausdifferenzieren. Es ist jedoch niemals in seiner gesamten individuellen Identität in die Funktionsbezüge der einzelnen Teilsysteme einbezogen.

Somit findet das Individuum in der Gesellschaft keinen Ort mehr, der eine integrale Definition der eigenen Individualität bereithält. Zu breit gefächert ist die Vielzahl der Anforderungen aus den sich nun ausdifferenzierenden sozialen Teilbereichen an den Einzelnen. Die Ausdeutung der Konturen personaler Identität wird dem einzelnen Individuum überantwortet – in die Umwelt der Gesellschaft verschoben, *exkludiert*.

Anders als noch als in der stratifizierten Gesellschaft, in der die Individualität einer Person über die Inklusion, die sich auf *einen* festen Ort der Sozialhierarchie bezog, definiert war, misst die funktional differenzierte Gesellschaft dem Einzelnen Individualität nun gerade über Exklusion zu. Der moderne Mensch »kann in einer postständischen Gesellschaft nicht mehr über Schichtung, aber auch nicht mehr über Religionszugehörigkeit, Herkunft, Familie, ja überhaupt nicht mehr über einen festen Bezugspunkt ›individuiert‹ werden. Die Gesellschaft muß angesichts der Autonomie und der Eigendynamik der Funktionssysteme auf Inklusionsvorgaben durch das Gesamtsystem verzichten. [...] Vom modernen Individuum ist verlangt, ein sein eigenes Beobachten beobachtender Beobachter zu sein: ein Selbstbeobachter zweiter Ordnung.« (GdG, 1025 f.)

In der modernen Gesellschaft ist die Person in eine Fülle funktionaler Abhängigkeiten eingebettet. Das Individuum muss täglich in einer Vielzahl von funktionalen Einzelkontexten agieren. So finden wir eine deutlich gesteigerte kommunikative Mobilität, die sich an den Erfordernissen der gesellschaftlichen Teilsysteme ausrichtet. Dadurch bekommt die Selbstwahrnehmung des Einzelnen eine ganz neue strukturelle Verankerung. Erforderlich ist eine grundlegend andere Konstitution von Individualität.

Das moderne Individuum, das als Einzelperson keinen definitiven sozialen Ort, keinen alleinigen gesellschaftlichen Bezugspunkt mehr hat, der zur umfassenden Selbstbeschreibung tauglich ist, schlüpft in eine neue Identität. Diese muss nunmehr »mitnehmbar verankert sein« – um einen Ausdruck Luhmanns zu gebrauchen. Der verstärkten Inklusion innerhalb sozialer Handlungsfelder und deren Teilrationalitäten entspricht also ein individualisierter subjektiver Binnenraum.

Die moderne Gesellschaft sozialisiert entsprechend eine Matrix von Individualität, deren Niederschlag der subjektive Anspruch ist, ein Individuum sein zu *wollen*. Diese Semantik der Individualität zeigt sich in der Betonung und Inszenierung der je eigenen Besonderheit und Einmaligkeit.

Die verstärkte Inklusion des Individuums in die Gesellschaft gibt der Semantik der Individualität »nun geradezu eine kompensatorische Funktion [...]. Das Individuum rettet sich in die Subjektheit und in die Einzigartigkeit als diejenige Beschreibung, die durch keinerlei empirisch-kausale Abhängigkeiten infrage gestellt werden kann. Es ist bei vermehrten und komplexeren Abhängigkeitsketten in einem radikaleren Sinne mehr Individuum als zuvor.« (GuS 3, 160)

Die Konturierung individueller Identität wird in der funktional differenzierten Gesellschaft also zur exkludierten Angelegenheit des Einzelnen. Luhmann spricht folgerichtig von Exklusionsindividualität. Sie ist ein typisches Resultat der Evolution der Gesellschaft unter den Vorzeichen funktionaler Differenzierung. Ein anderes Resultat dieses Veränderungsprozesses ist die Herausbildung von Organisationssystemen, um die es im folgenden Abschnitt geht.

Die Organisation in der modernen Gesellschaft

Ebenso wie die neue Verankerung des Individuums ist auch der massive Aufbau von Organisationen ein Phänomen der funktional differenzierten Gesellschaft. Die Organisation bildet bei Luhmann neben dem Gesellschaftssystem und dem Interaktionssystem den dritten Systemtypus. An dieser Stelle soll nun keineswegs eine detaillierte Darstellung der luhmannschen Theorie von Organisationssystemen erfolgen. Vor dem Hintergrund der Überlegungen zum modernen Individuum, wie sie im vorangegangenen Abschnitt angestellt wurden, sind jedoch einige Hinweise zur Organisation angebracht. Luhmann hat sich in seiner theoretischen Arbeit intensiv mit dem Systemtypus der Organisation auseinandergesetzt. Bereits seine frühesten Arbeiten sind Überlegungen zum Problem gesellschaftlicher Organisation. Und auch seine letzte, von ihm noch zur Veröffentlichung komplettierte Monografie ist eine gründliche Darstellung des Phänomens Organisation. Zwar hat die Behandlung dieses Systemtypus nicht den gleichen Umfang gewonnen wie die der zahlreichen gesellschaftlichen Funktionssysteme. Doch kann man seine Theorie der Organisation durchaus als gut ausgearbeitet bezeichnen.

Genau wie Gesellschaft und Interaktion besteht eine Organisation aus Kommunikationen. Doch anders als bei Gesellschaft und Interaktion ist diese Kommunikation auf Entscheidungen ausgerichtet. Organisation markiert also das kommunikative Geschehen, das die Form von Entscheidungen annimmt. Organisation ist, auch dies anders als Gesellschaft und Interaktion, an die formale Bedingung der Mitgliedschaft geknüpft. Man wird rekrutiert oder beschäftigt, gehört durch offizielle Feststellung dazu, übernimmt bestimmte Rechte und Pflichten. Zu diesen Verpflichtungen der Mitgliedschaft gehört auch die Anerkennung der organisational hierarchisierten Entscheidungsmodalitäten. Die Organisation baut dann mitunter hochkomplexe Binnenstrukturen auf, um Entscheidungen anbahnen und initiieren zu können. Luhmann nennt sie Entscheidungsprämissen. Dazu rechnet er zunächst einmal alle Beschreibungen der Aufgaben, die sich die Organisation gibt oder die ihr vorgegeben sind. Sie umfassen die organisationalen Handlungsziele, die Entscheidungsspielräume, die Kriterien für Entscheidungsnotwendigkeiten etc. Diese werden von Luhmann als Entscheidungsprogramme bezeichnet. Weiterhin zählen die Mitglieder der Organisation selbst dazu, das Personal. Hier ist strukturbildend, wer rekrutiert wird, welche Kompetenzen kombiniert und abgefragt werden, welche Personen mit welchen Entscheidungsbefugnissen ausgestattet werden. Und schließlich geht es um die sogenannten Kommunikationswege, also darum, welchen Gang Entscheidungsabläufe nehmen, welche Organisationsabteilungen nach welchem Schema zusammenarbeiten, wie die interne Prozessgestaltung aussieht.

Über mehr oder weniger scharf umrissene Mitgliedschaftsbedingungen und Entscheidungsprämissen bauen Organisationen eine hohe Komplexität im Inneren auf. Diese ermöglicht ihnen eine Bearbeitung ebenfalls hoher Umweltkomplexität, die sie nun unter gezielten programmatischen Bedingungen selektiv ansteuern und in die Produktion von Entscheidungen übersetzen können. Dieses Konzentrationspotenzial sichert der Organisation eine besondere Leistungsfähigkeit, eine Bündelung und Staffelung ihrer Problembearbeitung und eine kurze Vertaktung.

Sichtbar wird hier die besondere Leistung von Organisationen in einer funktional differenzierten Gesellschaft. Ihre entscheidungsbasierte Behandlung von Kommunikation ermöglicht eine erhöhte funktionale Spezifikation. Dadurch wird eine ausdifferenzierte Problembehandlung in hohem Tempo möglich. Und dies ist eine stimmige Entsprechung zum Grad der Differenzierung und Spezialisierung, den die gesellschaftlichen Funktionssysteme aufbauen. Genau in dieser Hinsicht betont Luhmann mit Blick auf die Systemtypen in funktional differenzierten Gesellschaften, dass »unter wechselnden Bedingungen und bei zunehmender Komplexität des Gesellschaftssystems diese Systemtypen auseinandertreten, sich spezifizieren und sich wechselseitig funktional entlasten« (SozAuf 2, 18).

Die Funktionssysteme finden in Organisationen das systemische Gegenüber, auf das sie unter den Komplexitätsanforderungen in der funktional differenzierten Gesellschaft angewiesen sind. Denn erst die Organisationen schaffen die kommunikativen Bereiche, in denen sich die Funktionssysteme operativ konzentrieren können.

Betrachten wir das am Beispiel der Universität. Sie ist der Ort, an dem wissenschaftliche Kommunikation verdichtet stattfinden kann. Neben der wissenschaftlichen Kommunikation gibt es dort aber auch wirtschaftliche Kommunikation (sie hat einen Haushalt), rechtliche Kommunikation (es gibt etwa ein Arbeitsrecht, ein Prüfungsrecht), politische Kommunikation (die Bildungspolitik eines Bundeslandes soll umgesetzt werden), Kommunikation der Erziehung (es geht auch um die Vermittlung von Bildung) etc.

All diese Kommunikation gehört in die Einzugsbereiche der jeweiligen Funktionssysteme. Die Organisation, mit ihrem ganz eigenen Modus der Kommunikation, schafft dann einen Möglichkeitsraum dafür, dass Operationen der Funktionssysteme verdichtet ausführbar werden.

Nun generiert die Tatsache, dass etwa Personen aus der Organisation Universität kommunikative Prozesse in Gang bringen und halten, damit nicht automatisch »wahre« Kommunikation. Aber es gibt eine höhere Chance für Möglichkeiten der Bündelung, der Verdichtung und Kopplung solcher Kommunikation. Wissenschaftliche Kommunikation bekommt Adressen, kann personal spezifiziert werden und darüber ihr Tempo steigern. Sie kann mithin organisiert werden. Und entsprechend gilt das ebenso für Kommunikationen in Wirtschaftorganisationen, in Organisationen des Rechts, der Politik, der Erziehung etc.

Diese Verdichtung und Zuspitzung einer an Funktionssystemen ausgerichteten Kommunikation wird möglich durch die besondere Personenadressierung, die die Organisation erlaubt. So betont Luhmann, dass erst durch den »Organisationsmechanismus ein so hohes Maß an Motivgeneralisierung und Verhaltensspezifikation erreicht werden kann, wie es die moderne Gesellschaft in vielen ihrer wichtigsten Funktionsbereiche benötigt« (SozAuf 2, 13).

Dass die Personen (und im besten Falle auch die psychischen Systeme in deren Umwelt) sich so ausrichten lassen, ist durch die Regeln und Anforderungen ihrer Mitgliedschaft in der Organisation gewährleistet. Um die Organisation von der Seite der aufsummierten Mitgliedschaften her leistungsfähig zu halten, muss diese Mitgliedschaft hochmobil angelegt sein. Die Personen müssen zwischen den Organisationen wechseln und Positionen tauschen können. In den personalen Kompetenzen des Sicheinfindens, der Mobilität im organisationalen Austausch, des freien Flottierens zwischen Organisationen erkennen wir jetzt eine stimmige Entsprechung zur modernen Semantik der Individualität. Auch sie muss ja »mitnehmbar verankert sein«. In exkludierter Individualität findet sich also das funktionale Pendant zur mobilen personalen Mitgliedschaft in modernen Organisationen. Erst dadurch können Organisationen überhaupt die Steigerungsbewegung mitmachen, die in der emporgeschraubten Komplexität der funktional differenzierten Gesellschaft erkennbar ist.[13]

Zur Mitgliedschaft in Organisationen lässt sich ein weiterer wesentlicher Gesichtspunkt anführen. Dass Organisationen Mitgliedschaftsverhältnisse etablieren, macht sie nach Auffassung des Soziologen Armin Nassehi, der sich in seiner Arbeit stark an der luhmannschen Theorie orientiert, zu regelrechten »Exklusionsmaschinen«, deren »Grundstruktur in entscheidungsgestütztem selektivem Zugriff auf Menschen besteht und damit zugleich als Generator von Inklusion fungiert. Organisationen sind in diesem Sinne auch Maschinen zur Erzeugung von Positionen und Zurechenbarkeiten an Personen.«[14] Dadurch, dass Personen in organisationale Bezüge inkludiert oder von ihnen exkludiert werden, entstehen Lebenslagen. Damit sind wir beim Problem sozialer Ungleichheit. Sie ist wesentlich durch die Verteilung von Organisationsmitgliedschaften bestimmt. Der Zugang zu einem Arbeitsplatz, zu Bildung, zu politischer Teilhabe, zu Rechtssicherheit etc. ist durch die Inklusion in Organisationen definiert. Organisationale Mitgliedschaft schafft dergestalt Lebenslaufperspektiven. Diese Verknüpfung von systemtheoretischer Betrachtung von Organisation und Exklusionsproblematik, wie sie Nassehi anstellt, markiert eine interessante Leerstelle in der durch Luhmann entwickelten Theorie. Sie hat sich für Aspekte sozialer Ungleichheit im Kontext der funktional differenzierten Gesellschaft noch nicht wirklich interessiert. Hier könnte ein interessantes Forschungsfeld für die systemtheoretische Zukunft liegen.

Damit sind wir am Ende der Darstellung von Luhmanns Theorie interessanterweise bei einer moralisch gefärbten Problemstellung angekommen. Doch kann Moral hier weiterhelfen?

… und die Moral in der Gesellschaft?

Wie bereits erwähnt, setzt Luhmann für die Beobachtungshaltung (s)einer Theorie der Gesellschaft auf Abstand zu moralisch wertenden Grundhaltungen. Das heißt nun aber keineswegs, dass Moral als Gegenstand und gesellschaftliches Phänomen in seinen Betrachtungen nicht vorkäme. Das Gegenteil ist vielmehr der Fall. Luhmann hat sich zeitlebens intensiv mit Moral und ihrem funktionalen Stellenwert für die Gesellschaft auseinandergesetzt. Seine Beschäftigung mit diesem Thema nachzuvollziehen würde freilich ein eigenes Buch füllen.[15]

Die funktional differenzierte Gesellschaft transportiert eine Fülle unterschiedlicher Problemstellungen, die von einer

Vielzahl gegeneinander abgegrenzter Teilsysteme spezialistisch bearbeitet werden. Diese stellen ihre Weltbeobachtung unter der Direktive ihrer universalisierten Codierung an. Ein integrierendes Zentrum dieser heterarchischen Perspektiven gibt es unter den Vorzeichen funktionaler Differenzierung nicht mehr. Auch Moral kann nach Luhmanns Auffassung eine solche Integration der Funktionssysteme nicht leisten. War die Hierarchisierung der Feudalgesellschaften noch wesentlich religiös-moralisch legitimiert, so führen die historischen Veränderungen im Modernisierungsprozess zu deutlichen Modifikationen. Im Zuge der evolutiven Ablösung des stratifizierten Gesellschaftsaufbaus »dürfte die wichtigste Veränderung der Funktion moralischer Kommunikation darin liegen, daß die Moral nicht mehr dazu dienen kann, die Gesellschaft im Blick auf ihren bestmöglichen Zustand zu integrieren. Dies ist schon dadurch ausgeschlossen, daß die besonderen symbolisch generalisierten Kommunikationsmedien eigenen binären Codes folgen, deren Positiv-/Negativwerte nicht mit denen der Moral gleichgesetzt werden können.« (GdG, 403)
Einer der großen Gewinne, die die Moderne in ihrer Selbstauffassung immer propagiert hat, ist ja gerade die Befreiung der gesellschaftlichen Teilbereiche von einer mitlaufenden vorgängigen Moral. Wahr/falsch, Recht/Unrecht, schön/hässlich, krank/gesund etc. sind nun nicht mehr moralisch vorcodiert.
Moral konstituiert nun aber kein eigenes Funktionssystem. Sie bleibt vielmehr gesamtgesellschaftlich anwendbar. Dabei wird sie quasi zu einer »Hilfstechnik«. Luhmann weist darauf hin, dass die Moral in der funktional differenzierten Gesellschaft »jetzt eine Art Alarmierfunktion übernimmt. Sie kristallisiert dort, wo dringende gesellschaftliche Probleme auffallen und man nicht sieht, wie sie mit den Mitteln der symbolisch generalisierten Kommunikationsmedien und in den entsprechenden Funktionssystemen gelöst werden könnten.« (GdG, 404) In dieser Hinsicht kann man sehen,

dass Moral zwar ihre zentrale legitimatorische Position in der modernen Gesellschaft verliert. Jedoch entwickelt diese Gesellschaft ebenso unter dem Eindruck ihrer zunehmenden funktionalen Dezentrierung ein erhitztes Bewusstsein gesellschaftlicher Risiken. Solchermaßen ist die funktional differenzierte Gesellschaft durch die Entfesselung moralischer Kommunikation gekennzeichnet. Diese Form der Kommunikation könnte ihre Alarmierfunktion dann auch in Anschlag bringen hinsichtlich der Generierung sozialer Ungleichheiten, wie sie im Zusammenhang mit der Exklusionswirkung von Organisationen oben angesprochen wurden.

Moral verankert ihre Funktion wesentlich auf einer spezifischen Ebene. Ihre Codierung von Achtung/Missachtung erlaubt es, dass sie sich auf Personen beziehen kann, dass sie adressiert werden kann. Die Zurechnung von Achtung oder Missachtung kann dann in der Interaktion zwischen Personen mitlaufen. Dort existiert ja, wie im zweiten Kapitel näher ausgeführt, ein stetes Verhältnis doppelter Kontingenz zwischen Alter und Ego. In der Interaktion müssen alle beteiligten Seiten die prinzipielle und wechselseitige Offenheit der kommunikativen Entscheidungen handhaben. Dies gilt umso mehr unter den Bedingungen moderner Interaktionsverhältnisse. Sie haben die handlungsleitende Funktion der Moral abgestreift. Dadurch mehren sich die Möglichkeiten differenter Perspektiven in der Kommunikation. Der Komplexitätsdruck, der daraus resultiert, kann durch moralische Kommunikation von Achtung gemindert werden. Dann hilft Moral, die Belastungen doppelter Kontingenz in der Interaktion tragbar zu halten. »Achtung fungiert also im Kommunikationsprozeß als Kürzel für sehr komplexe zugrunde liegende Sachverhalte, die nur über diese symbolische Substitution überhaupt kommunikationsfähig werden. Das Gelingen perspektivisch integrierter Kommunikation wird durch Achtungserweis entgolten, das Mißlingen durch Achtungsentzug bestraft, und all das in abstufbarer Dosierung.« (SdM, 46 f.)

So sind nun am Ende der Betrachtungen zum Verhältnis von Individuum und Gesellschaft drei Exklusionsrisiken zu erkennen, die die luhmannsche Theorie zur Beobachtung freistellt: Einmal sind die Individuen zwar als Personen in die Erfordernisse und Ansprüche der Funktionsbereiche verdichtet einbezogen. Sie sind dabei jedoch zur Bestimmung und Integrierung ihrer eigenen Individualität gerade exkludiert und auf sich selbst verwiesen. Sie tragen alle Last des Gelingens und alle Risiken des Scheiterns.

Zum Zweiten sind die Individuen als Personen in verschiedenste Organisationsbezüge und -mitgliedschaften eingebettet – oder von ihnen ausgeschlossen. Die dadurch wahrscheinlich gemachten Lebenslaufperspektiven und Lebenslagen verteilen die Chancen zur Ausgestaltung der exkludierten Individualität deutlich ungleich, mit welchen Exklusionslasten auch immer.

Und schließlich unterliegen die Individuen als Personen einer moralischen Inklusion in Interaktionssysteme. Hier muss der Einzelne dafür Sorge tragen, dass nicht gerade die eigenen Individualitätsmarkierungen und Lebensperspektiven zur Freisetzung von Missachtungskommunikation führen und die weitere Interaktion blockieren. Dann ließe sich Luhmanns Feststellung fast schon wie ein normativer Anspruch auffassen: »Komplexer werdende Gesellschaften erfordern, mit anderen Worten, daß es auch möglich sein muß, Achtungsbedingungen in einer Weise zu formulieren, die mit hoher Komplexität sozialer Beziehungen kompatibel ist.« (SdM, 93)

Die Theorie Niklas Luhmanns macht die Herausarbeitung dieser besonderen Anforderungen unserer Gegenwartsgesellschaft mit einem begriffsscharfen Instrumentarium möglich. Einen Vorschlag zur Bewertung oder gar zur Lösung möglicher Folgeprobleme formuliert sie nicht. Dies wird vielleicht erst einer Fortführung der Gedanken Luhmanns überlassen sein.

Anmerkungen

1 Habermas, J.: Der philosophische Diskurs der Moderne. Zwölf Vorlesungen, Frankfurt/M. 1985, S. 430–437.
2 Horster, D.: Niklas Luhmann, München 1997, S. 40.
3 Habermas, J. / Luhmann, N.: Theorie der Gesellschaft oder Sozialtechnologie – Was leistet die Systemforschung?, Frankfurt/M. 1971.
4 Bardmann, T. M. / Lamprecht, A.: Systemtheorie verstehen. Eine multimediale Einführung in systemisches Denken, Wiesbaden 1999.
5 Sloterdijk, P.: Nicht gerettet. Versuche nach Heidegger, Frankfurt/M. 2001, S. 112.
6 Ebenda, S. 130.
7 Vgl. dazu als gut fundierte Übersicht: Schmidt, S. J. (Hg.): Der Diskurs des radikalen Konstruktivismus, Frankfurt/M. 1987.
8 Vgl. dazu etwa: Varela, F.: Autonomie und Autopoiese, in: Schmidt, S. J. (Hg.): Der Diskurs des radikalen Konstruktivismus, Frankfurt/M. 1987.
9 Dieser Aspekt wäre eine längere Betrachtung wert, für die hier kein Raum ist. Luhmann hat sich in seinen Arbeiten an etlichen Stellen mit dem sozialen Phänomen der Sprache beschäftigt. Diese lässt sich sowohl unter evolutionstheoretischen Aspekten betrachten als auch hinsichtlich einer kommunikationstheoretischen Perspektive genauer einordnen. Zu beiden Betrachtungsrichtungen gibt es bündelnde und systematisierende Ausführungen in: Luhmann, N.: Die Gesellschaft der Gesellschaft, Frankfurt/M. 1997. Für diejenigen, die schon etwas genauere Kenntnisse zu den Grundfragen und systematischen Positionen sprachtheoretischer Überlegungen gesammelt haben, findet sich eine konzentrierte Einordnung der luhmannschen Auffassungen in: Krämer, S.: Sprache, Sprechakt, Kommunikation. Sprachtheoretische Positionen des 20. Jahrhunderts, Frankfurt/M. 2001.
10 Diese Grundeinsicht betont auch die systemische Organisationsberatung. Sie ist eine Form der Beratung und des Coachings für Organisationen, die auf systemtheoretische Grundannahmen

aufbaut. Entsprechend wird gerade der Nicht-Trivialität von Organisationen im Beratungsgeschehen Rechnung getragen, indem dieses auf die Selbstreferenzialität sozialer Systeme abstellt. Denn eine systemische Intervention durch Beratung fokussiert die Unmöglichkeit einer gezielten Steuerung der Organisation von außen. Sie gründet ihren Beratungsansatz vielmehr auf die einzige Möglichkeit einer Irritation der Organisation durch die Beratung: Die Organisation wird durch andere Perspektiven angeregt und kann dann nur auf der Grundlage der eigenen Realitätsannahmen und Erklärungsmuster auf diese Störungen reagieren. Nur auf dieser Basis und nur gemäß der internen Irritabilität kann das Beratungsangebot für eine Organisation eine Verwertbarkeit gewinnen. Systemische Organisationsberatung versucht also, die Organisation zu einer Problembehandlung aus sich selbst heraus anzuregen und dabei alternative Wege zur Probe freizustellen.

11 Eine kluge Reflexion zur Intervention vor dem Hintergrund der soziologischen Systemtheorie luhmannscher Prägung findet sich in: Fuchs, P.: Intervention und Erfahrung, Frankfurt/M. 1999. Fuchs hängt seine Ausführungen zur planvollen Intervention listig an der Beobachtung auf, dass nach der Theorie etwas gar nicht geht, was gemäß der eigenen Erfahrung zu gehen scheint. Wie sich diese Verwirrung im Lichte der luhmannschen Auffassungen auflösen könnte, zeigen dann seine eigenen systemtheoretischen Überlegungen.

12 In den Texten Luhmanns finden sich Hinweise auf weitere mögliche Funktionssysteme, so etwa auf das System der Krankenbehandlung/Medizin. Und auch in Arbeiten zahlreicher an der luhmannschen Theorie orientierter Gesellschaftswissenschaftler geht es um die mögliche Erweiterung der Liste gesellschaftlicher Funktionssysteme. Dementsprechend gibt es Bestimmungsversuche zu Funktionssystemen des Sports oder der sozialen Hilfe oder gar des Pop. Insofern ist dies ein weiterer Beleg für die gegenwärtige Unabgeschlossenheit der luhmannschen Theorie sozialer Systeme.

13 Ich habe dieses Verhältnis von exkludierter Individualität und Organisation an anderen Stellen (und begrifflich etwas aufgerüstet) genauer betrachtet. Siehe dazu etwa: Gensicke, D.: Irritation pädagogischer Professionalität. Vermittlungshandeln im Er-

ziehungssystem in Zeiten individualistischer Habitusformen, Heidelberg 2006.

14 Nassehi, A.: Die Organisationen der Gesellschaft. Skizze einer Organisationssoziologie in gesellschaftstheoretischer Absicht, in: Kölner Zeitschrift für Soziologie und Sozialpsychologie (KZfSS), Sonderheft 2002, Seite 469.

15 Wer sich intensiver mit Luhmanns Reflexion von Moral beschäftigen möchte, findet dazu reichlich Gelegenheit in einer Sammlung von einschlägigen Schriften Luhmanns. Luhmann, N.: Die Moral der Gesellschaft, hg. von Detlef Horster, Frankfurt/M. 2008.

Abkürzungen für Publikationen Luhmanns (Siglen)

BdM	Beobachtungen der Moderne, Opladen 1992.
EidS	Einführung in die Systemtheorie, hg. von Dirk Baecker, Heidelberg 2002.
GdG	Die Gesellschaft der Gesellschaft, Frankfurt/M. 1997.
GuS 1-4	Gesellschaftsstruktur und Semantik. Studien zur Wissenssoziologie der modernen Gesellschaft, Bd. 1-4, Frankfurt/M. 1980, 1981, 1989, 1995.
ÖK	Ökologische Kommunikation. Kann die moderne Gesellschaft sich auf ökologische Gefährdungen einstellen?, Opladen 1986.
OuE	Organisation und Entscheidung, Opladen 2000.
SC	Niklas Luhmann. Short Cuts, hg. von Heidi Paris / Peter Gente / Martin Weinmann, Frankfurt/M. 2000.
SdM	Soziologie der Moral, in: Luhmann, Niklas / Pfürtner, Stephan H.: Theorietechnik und Moral, Frankfurt/M. 1978.
SozAuf 1-6	Soziologische Aufklärung, Bd. 1-6, Opladen 1970, 1975, 1981, 1987, 1990, 1995.
SozSys	Soziale Systeme. Grundriß einer allgemeinen Theorie, Frankfurt/M. 1984.
UniMilieu	Universität als Milieu. Kleine Schriften, hg. von André Kieserling, Bielefeld 1992.

Kommentierte Bibliografie

Nach der Lektüre des vorliegenden Buches könnten zwei unterschiedliche Leseinteressen entstanden sein (die sich freilich auch miteinander kombinieren ließen): Einmal mögen sich Interessenten wünschen, diese wuchtige Theorie noch einmal mit anderem Zungenschlag oder unter anderen Perspektiven und nun vielleicht auch etwas tiefergehend präsentiert zu bekommen. Dann bieten sich andere Einführungen an. Ich nenne hierzu einige interessante Titel in einem ersten Abschnitt von Empfehlungen.
Andererseits könnten Neugier und Leselust die Leser auch auf Luhmanns eigene Texte lenken. Hierzu mache ich einige systematische und einige empfehlende Angaben in einem zweiten Teil dieses Abschnitts. Und es ist ein glücklicher Umstand, dass sich die beiden Bereiche sogar überschneiden. Denn auch Luhmann selbst hat Einführungen in seine Theorie verfasst.

1. Einführungen in die luhmannsche Theorie
(verfasst von anderen Autoren)

Ich möchte fünf Titel nennen und sortiere sie nach aufsteigendem Schwierigkeitsgrad der Lektüre.

Peter Fuchs: Niklas Luhmann – beobachtet, Opladen 1992.
Die ungewöhnlichste und eine sehr amüsante Einführung von einem der profundesten Kenner der Theorie. Fuchs selbst bezeichnet seinen Text als »Dramolett«: Eine kleine Gruppe von Personen kommt auf einer Gartenterrasse zusammen und verhandelt die Untiefen des Lebens und der luhmannschen Theorie. Es beginnt alles mit einem Nachtfalter …

Peter Fuchs: Das seltsame Problem der Weltgesellschaft. Eine Neubrandenburger Vorlesung, Opladen 1997.
Die Mitschrift einer Universitätsvorlesung, die Fuchs als Didaktiker in Hochform zeigt. Entlang des Begriffs der Weltgesellschaft

führt der Autor in die luhmannschen Grundvorstellungen ein und versucht, Studierenden der Sozialpädagogik die Moral auszutreiben.

Peter Fuchs: Liebe, Sex und solche Sachen. Zur Konstruktion moderner Intimsysteme, Konstanz 1999.
»Der Vorlesungen zweiter Teil« könnte man sagen, diesmal aufgehängt an der Beobachtung moderner Liebesbeziehungen.

Detlef Horster: Niklas Luhmann, München 1997.
Eine auf Übersicht angelegte Darstellung des luhmannschen Gesamtwerks. Gleichzeitig gibt der Text dem Soziologen Luhmann auch eine einordnende wissenschaftsbiografische Kontur, die der Autor mit offenkundiger Sympathie herausarbeitet. Etliche Anekdoten, Fotos und ein lesenswertes Interview runden dieses Bild ab.

Georg Kneer / Armin Nassehi: Niklas Luhmanns Theorie sozialer Systeme, München 1993.
Die Autoren beschreiben ihren Text als einen Versuch, »Luhmanns Denkgebäude von sich selbst her sprechen zu lassen«. Ein sehr kenntnisreicher und gut strukturierter Versuch ist es zudem, der für die sattelfesteren Interessenten viel Material bietet.

Es gibt zwei Kompendien, auf die ich seit ihrem Erscheinen bei der Lektüre von Luhmann-Texten immer zurückgreife:

Claudio Baraldi / Giancarlo Corsi / Elena Esposito: GLU. Glossar zu Niklas Luhmanns Theorie sozialer Systeme, Frankfurt/M. 1997.
Etliche Grundbegriffe mit zentralem Stellenwert in Luhmanns Theorie werden hier vorgestellt. Sie werden durch »Lesewege« miteinander verknüpft und in einer modularen Grundstruktur zusammengezogen. Eine schnell griffbereite und dennoch komplexe Vokabelhilfe, deren Lektüre rasch ein Eigenleben gewinnen kann.

Detlef Krause: Luhmann-Lexikon, 3., neu bearb. und erw. Aufl., Stuttgart 2001.
Dieses Buch enthält zwei Teile: zunächst eine Einführung in die wichtigsten Grundkonzepte der luhmannschen Theorie, aufbereitet mit zahlreichen Grafiken; im zweiten Abschnitt ein sehr umfangreiches Lexikon, das kaum einen Terminus auslässt. Bisweilen etwas

überbordend, gelegentlich arg knapp, hat es hinsichtlich seines Vorgehens keine Parallele und ist eine gute Lektürestütze.

Schließlich gibt es einen in manchen Passagen gar anrührenden Sammelband, der zur Begegnung mit dem Theoretiker und auch dem Menschen Niklas Luhmann einlädt:

Theodor M. Bardmann / Dirk Baecker (Hg.): »Gibt es eigentlich den Berliner Zoo noch?«. Erinnerungen an Niklas Luhmann, Konstanz 1999.
Der Band enthält eine Vielzahl kürzerer Erinnerungsstücke, gewidmet dem Freund, Kollegen, Lehrer oder wissenschaftlichen Vorbild.

2. Texte von Luhmann

Man kann sich auch von Luhmann selbst in seine Theorie sozialer Systeme einführen lassen. Hierzu möchte ich drei Titel nennen und sie um einen vierten ergänzen.

Einführung in die Systemtheorie, Heidelberg 2002.
(Zum Kommentar vgl. nächsten Titel.)

Einführung in die Theorie der Gesellschaft, Heidelberg 2005.
Beide Bände sind Transkriptionen von Vorlesungen Luhmanns aus den Jahren 1991/92 beziehungsweise 1992/93 an der Universität Bielefeld, die von dem Soziologen und renommierten Luhmann-Schüler Dirk Baecker für die Veröffentlichung bearbeitet wurden. Ganz im Sinne universitärer Einführungsveranstaltungen bereiten die Texte die Grundgedanken der luhmannschen Theorie gut systematisiert und nachvollziehbar auf.

Ökologische Kommunikation. Kann die moderne Gesellschaft sich auf ökologische Gefährdungen einstellen?, Opladen 1986.
Auf den ersten Blick eine Auseinandersetzung mit einem (immer noch) aktuellen Thema nebst einer charakteristisch skeptischen Antwort. Dahinter steht jedoch ein ausgezeichnetes knappes Kontaktangebot mit der luhmannschen Theorie.

Niklas Luhmann. Short Cuts, hg. von Heidi Paris / Peter Gente / Martin Weinmann, Frankfurt/M. 2000.
Eigentlich eine etwas konzeptlose Sammlung hauptsächlich verschiedener Zeitungsartikel Luhmanns und zweier Interviews, die nicht von Luhmann selbst zusammengestellt wurde. Dennoch schaffen die leicht lesbaren Texte ein Potpourri luhmannscher Gedankengänge, das wie ein schmackhafter Appetithappen wirken kann.

Die Zahl der Bücher und Texte, die Niklas Luhmann geschrieben hat, ist groß. Luhmann war ein Vielschreiber. Für einen Überblick über seine theoretischen Arbeiten könnte man die Landschaft seiner Veröffentlichungen sehr grob so kartieren:

Im Zentrum seiner Arbeiten stehen die Monografien zu den Funktionssystemen. Diese sind:
Die Wirtschaft der Gesellschaft, Frankfurt/M. 1988.
Die Wissenschaft der Gesellschaft, Frankfurt/M. 1990.
Das Recht der Gesellschaft, Frankfurt/M. 1993.
Die Kunst der Gesellschaft, Frankfurt/M. 1995.
Die Realität der Massenmedien, 2., erw. Aufl., Opladen 1996.

Und posthum:
Die Politik der Gesellschaft, hg. von André Kieserling, Frankfurt/M. 2000.
Die Religion der Gesellschaft, hg. von André Kieserling, Frankfurt/M. 2000.
Das Erziehungssystem der Gesellschaft, hg. von Dieter Lenzen, Frankfurt/M. 2002.

Die Behandlung der einzelnen Funktionssysteme wird durch zwei Werke eingerahmt – durch eine erste systematische Fundierung sowie durch das Opus magnum:
Soziale Systeme. Grundriß einer allgemeinen Theorie, Frankfurt/M. 1984.
Die Gesellschaft der Gesellschaft, Frankfurt/M. 1997.

Dann gibt es zahlreiche Betrachtungen zum Organisationssystem. Eine grundlegende Summe dieser Arbeiten ist:
Organisation und Entscheidung, Opladen 2000.

Weiterhin hat sich Luhmann intensiv mit wissenssoziologischen Fragestellungen beschäftigt. Eine gute Bündelung dieser Betrachtungen ist das vierbändige Werk:
Gesellschaftsstruktur und Semantik. Studien zur Wissenssoziologie der modernen Gesellschaft, Bd. 1-4, Frankfurt/M. 1980, 1981, 1989, 1995.

Und schließlich finden sich etliche Einzeltexte Luhmanns zu unterschiedlichen gesellschaftstheoretischen Themen in einer hochinteressanten Zusammenstellung. Nach Luhmanns eigenen Worten stellt sie den Versuch dar, eine bündige Theorie »zunächst einmal ins Unreine zu schreiben«. Sie erschien unter dem bezeichnenden Titel:
Soziologische Aufklärung, Bd. 1: Aufsätze zur Theorie sozialer Systeme, Opladen 1970; Bd. 2: Aufsätze zur Theorie der Gesellschaft, Opladen 1975; Bd. 3: Soziales System, Gesellschaft, Organisation, Opladen 1981; Bd. 4: Beiträge zur funktionalen Differenzierung der Gesellschaft, Opladen 1987; Bd. 5: Konstruktivistische Perspektiven, Opladen 1990; Bd. 6: Die Soziologie und der Mensch, Opladen 1995.
An den Untertiteln kann man die thematischen Schwerpunkte gut erkennen. Die Bände enthalten etliche Texte, die auch für den konzentrierten Einstieg geeignet sind. Hier ist es lohnenswert, einmal zu blättern.

Schlüsselbegriffe

Autopoiesis Systeme unterscheiden sich in ihren Elementen von ihrer Umwelt. Manche Systeme grenzen sich auch hinsichtlich der Reproduktion ihrer Elemente ab. Sie werden als operativ geschlossen bezeichnet. Zu ihnen zählen auch die sozialen Systeme. Die stete Erneuerung der Elemente, aus denen die sozialen Systeme bestehen, kann nur im System selbst erfolgen: Nur Kommunikation kann Kommunikation erzeugen. Deshalb sind diese Systeme autopoietische, sich selbst reproduzierende. Die Strukturen, die dabei entstehen, sind freilich auf vielfältige Weise mit der Umwelt gekoppelt.

Code Jedes gesellschaftliche Teilsystem ist an einer Funktion orientiert, die es erfüllt. Dazu beobachtet es spezialistisch alle Kommunikation auf mögliche Verwertbarkeit und versucht Anschlüsse herzustellen. Hierfür braucht es Kriterien, an denen es sich kommunikativ ausrichten kann. Das leistet der charakteristische Code eines Funktionssystems. Er ist binär und hat eine Positiv- und eine Negativseite. So wirkt er fast wie eine Brille, durch die ein Funktionssystem alle Kommunikation überprüft. Wesentliche Codes sind: wahr/unwahr für Wissenschaft, Recht/Unrecht für Recht, Macht besitzen / keine Macht besitzen für Politik, Zahlung/Nichtzahlung für Wirtschaft.

Doppelte Kontingenz Wenn Kommunikation stattfindet, sind zwei Seiten beteiligt: Alter und Ego. Wenn Alter aus Egos Mitteilung eine Information herausliest, weiß er meist, dass dieses Verstehen von Egos Mitteilung nur eine Möglichkeit von vielen ist. Und er weiß, dass Ego das auch weiß. Dies gilt umgekehrt auch für Ego. So geschieht das wechselseitige Verstehen von Alter und Ego in einem Modus der doppelten Kontingenz.

Evolution Da Kommunikationen nicht einfach zielgenau berechenbar sind, können Abweichungen auftreten. Die meisten solcher kommunikativen Variationen vergehen einfach, ohne weitere Spuren zu hinterlassen. Jedoch können sich Abweichungen auch bewähren, als bessere und zukunftsträchtigere Lösungen ausweisen. Dann bilden sie den Ausgangspunkt weiterer Kommunikationen und formen veränderte Erwartungen. Dadurch hat sich das soziale System gewandelt. So können operative Variationen zu struktureller Evolution führen.

Funktionale Differenzierung Die Gesellschaft ist der umfassende Typus sozialer Systeme. Sie enthält in sich weitere soziale Systeme, die füreinander Umwelten bilden. Dieser innere Aufbau folgt einem bestimmten Prinzip, das den Austausch der Binnensysteme untereinander regelt. Dies ist die Form gesellschaftlicher Differenzierung. Im historischen Verlauf gesellschaftlicher Evolution haben sich diese Formen gewandelt. Funktionale Differenzierung ist die jüngste Differenzierungsform. Hier spezifizieren sich die Teilsysteme auf jeweilige Funktionen, die sie füreinander und für die Gesellschaft erfüllen. Gegenüber anderen Anforderungen sind sie unempfindlich.

Kommunikation Die kleinste Einheit und das Bestimmungselement sozialer Systeme. Kommunikation kommt durch Verstehen zustande. Das entsteht, wenn aus einer Mitteilung eine Information herausgelesen wird. So ist Kommunikation also die Dreieinigkeit von Information, Mitteilung und Verstehen. Den wichtigen Anteil an der Kommunikation hat also nicht irgendein Vermittler einer Botschaft. Entscheidend ist vielmehr das Verstehen, das zu einer Mitteilung eine Information konstruiert.

Konstruktivismus Hierunter werden viele, in den Einzelheiten sehr unterschiedliche Denkansätze gezählt. Ihre Gemeinsamkeit liegt in einer bestimmten Auffassung von Erkenntnis: Wenn alle Beobachtung der Wirklichkeit auf Unterscheidungen beruht, dann verändert sich diese Wirklichkeit mit den jeweiligen Unterscheidungen, die verschiedene Beobachter benutzen. Wirklichkeit ist also in dieser Hinsicht relativ, sie ist die Konstruktion eines Beobachters.

Sinn Sinn ist die grundlegende Ressource, aus der alle Kommunikation schöpft. Jede Kommunikation ist darauf angewiesen, Sinn zu machen. Sie schafft dazu feste Formen (ein Gespräch, geformt aus Sätzen, geformt aus Worten, geformt aus Buchstaben) im losen

Medium Sinn (einer grenzenlosen Menge denkbarer Laute, die sich in enormen Möglichkeiten zu Worten kombinieren lassen, welche unendliche Konstruktionsoptionen für Sätze ergeben, die unbegrenzte Gesprächsverläufe möglich machen). Sinn ist so grenzenlos, dass sogar die Kommunikation über Un-Sinn noch Sinn macht.

Soziale Systeme   Soziale Systeme sind alle diejenigen autopoietischen Systeme, deren kleinste Einheiten Kommunikationen sind. Luhmann unterscheidet bei den sozialen Systemen drei Typen: Gesellschaft, Organisation und Interaktion. Neben sozialen Systemen gibt es noch andere, etwa psychische Systeme oder biologisch-organische Systeme. Soziale Systeme können in sich weitere soziale Subsysteme enthalten. Soziale Systeme bestehen nicht aus Menschen. Diese gehören vielmehr zu deren Umwelt.

Struktur/Prozess   In einem sozialen System reiht sich Kommunikation an Kommunikation. Dabei bewähren sich bestimmte kommunikative Angebote, es kommt zu Regelmäßigkeiten. Darauf bauen dann Erwartungen auf. Solche Erwartungen nennt Luhmann Strukturen. Diese Strukturen sind quasi eine Art Gedächtnis für Bewährtes, das die weiteren Operationen lenkt. Es stellt Anschlussmöglichkeiten heraus und generiert auch Überraschungen, wenn Erwartungen durchkreuzt werden.

Strukturelle Kopplung   Jedes soziale System, das eine gewisse Zeit existiert, bildet Strukturen aus. Auf der Basis dieser Strukturen schließt sich das System operativ in sich ein und entwickelt eine Vorstellung von sich selbst. Wenn auch das System solchermaßen operativ geschlossen ist, so existiert es gleichwohl in einer Umwelt, von der es wiederum abhängig ist. Es muss sich in einem bestimmten Maße mit seiner Umwelt arrangieren. Eine solche Anpassung geschieht auf der Basis struktureller Kopplung. Dabei bildet das System Erwartungen, die Kennzeichen seiner Umweltbedingungen in sich tragen. Solche Kopplungen gibt es von sozialen Systemen zu anderen Systemen, etwa psychischen, aber auch zwischen verschiedenen sozialen Teilsystemen.

System/Umwelt-Differenz   Ein System kann nur dann beobachtet und bezeichnet werden, wenn gleichzeitig etwas anderes mitbezeichnet wird, von dem es sich unterscheidet. Die Beobachtung des Systems, seine Markierung schafft also immer eine Differenz: zwischen dem, was dem System zugerechnet wird, und dem, was ihm äußerlich ist – seine Umwelt. Ein soziales System lässt sich hinsichtlich seiner Elemente von einer Umwelt aus psychischen, biologischen, physikalischen, chemischen, mechanischen und anderen Prozessen unterscheiden. Diese tiefe Staffelung der Umwelt, in der etliche weitere Systeme vorkommen können, schafft gegenüber dem System ein Komplexitätsgefälle.

Zeittafel

1927	Niklas Luhmann wird am 8. Dezember in Lüneburg geboren.
1946–1949	Studium der Rechtswissenschaft in Freiburg.
1949–1953	Referendarsausbildung in Lüneburg.
1954	Assistent am Oberverwaltungsgericht Lüneburg.
1955–1962	Landtagsreferent im niedersächsischen Kultusministerium in Hannover.
1960–1961	Studium der Verwaltungswissenschaft an der Harvard University.
1962–1965	Referent an der Deutschen Hochschule für Verwaltungswissenschaften in Speyer.
1965–1968	Abteilungsleiter an der Sozialforschungsstelle der Universität Münster in Dortmund.
1965–1966	Einsemestriges Studium der Soziologie an der Universität Münster.
1966	Dissertation und Habilitation für Soziologie an der Universität Münster (bei Dieter Claessens und Helmut Schelsky).
1968–1993	Professur für Soziologie an der Universität Bielefeld.
1970	Erster Band der Aufsatzsammlung *Soziologische Aufklärung*.
1971	*Theorie der Gesellschaft oder Sozialtechnologie*, zusammen mit Jürgen Habermas.
1972	*Rechtssoziologie*.
1980	Erster Band von *Gesellschaftsstruktur und Semantik*.
1982	*Liebe als Passion. Zur Codierung von Intimität.*
1984	*Soziale Systeme. Grundriß einer allgemeinen Theorie.*
1988–1996	Einzelbetrachtungen zu gesellschaftlichen Teilsystemen: *Die Wirtschaft der Gesellschaft* (1988), *Die Wissenschaft der Gesellschaft* (1990), *Das Recht der Gesellschaft* (1993), *Die Kunst der Gesellschaft* (1995), *Die Realität der Massenmedien* (1996).
1997	Das Opus magnum: *Die Gesellschaft der Gesellschaft*.

1998	Luhmann stirbt am 6. November in Oerlinghausen bei Bielefeld.
2000–2002	Posthume Veröffentlichungen: *Die Politik der Gesellschaft* (2000), *Die Religion der Gesellschaft* (2000), *Organisation und Entscheidung* (2000) und *Das Erziehungssystem der Gesellschaft* (2002).
Seit 2004	In Erinnerung an Niklas Luhmann wird alle zwei Jahre der Bielefelder Wissenschaftspreis verliehen.

In der Reihe bereits erschienen

Dirk Baecker
Kommunikation
ISBN 978-3-15-020119-0

Hauke Brunkhorst
Habermas
ISBN 978-3-15-020309-5

Wolfgang Detel
Aristoteles
ISBN 978-3-15-020314-9

Eva-Maria Engelen
Descartes
ISBN 978-3-15-020123-7

Andreas Gelhard
Levinas
ISBN 978-3-15-020300-2

Dietmar Gensicke
Luhmann
ISBN 978-3-15-020321-7

Gerald Hartung
Philosophische Anthropologie
ISBN 978-3-15-020323-1

Heiner Hastedt
Sartre
ISBN 978-3-15-020120-6

Beatrix Himmelmann
Nietzsche
ISBN 978-3-15-020305-7

Detlef Horster
Sozialphilosophie
ISBN 978-3-15-020118-3

Joseph Jurt
Bourdieu
ISBN 978-3-15-020319-4

Reinhard Mehring
Politische Philosophie
ISBN 978-3-15-020121-3

Richard Purkarthofer
Kierkegaard
ISBN 978-3-15-020302-6

Johannes Rohbeck
Marx
ISBN 978-3-15-020308-8

Gunzelin Schmid Noerr
Geschichte der Ethik
ISBN 978-3-15-020304-0

Herbert Schnädelbach
Kant
ISBN 978-3-15-020124-4

Therese Frey Steffen
Gender
ISBN 978-3-15-020307-1

Dieter Sturma
Philosophie des Geistes
ISBN 978-3-15-020122-0

Udo Tietz
Heidegger
ISBN 978-3-15-020117-6

Annette Vowinckel
Hannah Arendt
ISBN 978-3-15-020303-3

Philipp Reclam jun. Stuttgart